启真馆 出品

Market Economy
and Entrepreneurship

市场经济与企业家精神

罗卫东

冯兴元 主编

ZHEJIANG UNIVERSITY PRESS
浙江大学出版社

图书在版编目（CIP）数据

市场经济与企业家精神：奥地利经济学文集 / 罗卫
东等主编 . 一杭州：浙江大学出版社，2017. 10
ISBN 978-7-308-17291-2

Ⅰ. ① 市… Ⅱ. ① 罗… Ⅲ. ① 奥地利学派—文集
Ⅳ. ① F091.343-53

中国版本图书馆 CIP 数据核字（2017）第 196449 号

市场经济与企业家精神：奥地利经济学文集
罗卫东等　主编

责任编辑	叶　敏	
装帧设计	罗　洪	
出版发行	浙江大学出版社	
	（杭州天目山路 148 号 邮政编码 310007）	
	（网址：http:// www.zjupress.com）	
排　　版	北京大观世纪文化传媒有限公司	
印　　刷	浙江印刷集团有限公司	
开　　本	640mm×960mm　1/16	
印　　张	11	
字　　数	152 千	
版 印 次	2017 年 10 月第 1 版　2017 年 10 月第 1 次印刷	
书　　号	ISBN 978-7-308-17291-2	
定　　价	38.00 元	

目 录

奥地利学派的市场理论

"市场在资源配置中起决定性作用"辩

刘宪法[*]

摘要：本文从经济学学理和当前中国市场经济实践两个层面，解析"市场在资源配置中起决定性作用"的内涵，力图回答目前中国到底是什么样的一种经济制度，"腐败"是什么样的一种经济现象，以及市场机制配置资源的"代价"是什么。

关键词：市场经济；政府干预；市场出清过程；腐败；浪费

一、中国还不是市场经济国家吗？

市场机制在资源配置中的作用是经济学的一个核心命题，几乎全部经济学都是围绕这一命题展开的。让我们先回顾一下基础的经济学常识。萨缪尔森在其编写的基础经济学教科书中，首先是从"每个经济社会的中心问题"出发，开始对经济学论述的。按照萨缪尔森表述，"每个经济社会的中心问题"有三个：第一是生产什么和生产多少的问

---

* 刘宪法，中国（深圳）综合开发研究院资深研究员。邮箱：liuxf@cdi.com.cn。

题，即"WHAT 和 HOW MANY 问题"？第二是如何生产的问题，即"HOW 问题"；第三是为谁生产的问题，即"WHO 问题"。只要存在着普遍的资源稀缺，或者说，只要人仍存在着未得到满足的欲望，任何人、任何社会都必须要面对这三个问题。通常经济学家将这三个问题统称为资源配置问题。不同的制度安排，对这三个问题或资源配置的解决方式是不同的。根据萨缪尔森的分类，在人类历史上存在着三种制度安排来解决资源配置问题：第一种制度安排是习惯和本能。这是传统社会主要采用的方式。第二种制度安排是市场机制。这是人类进入市场经济以来主要采用的方式。第三种制度安排是计划和命令。这是前社会主义国家曾经主要采取的方式。（萨缪尔森，1980）

改革开放以来，中国在经济改革上所做的大量努力就是从以计划和命令方式进行资源配置，转向以市场机制方式进行资源配置。这就通常所说的经济制度转轨。论述这一转轨过程并不是本文的主题，本文关心的是目前中国市场经济的演进已经到了什么样的状态。

首先看"WHAT 和 HOW MANY 问题"。"WHAT 和 HOW MANY 问题"实质上是资源分配机制问题。在市场在资源配置下起决定性作用或基础性作用的情况下，生产企业在价格信号的指引下，自主决定如何进行资源分配。在当今的中国，国家指令性计划的产品已经很少了，除了非竞争性产品或服务之外，绝大多数产品和服务，都是受到市场供需法则的调节。无论是私人企业还是国有企业都要根据对市场供需关系做出的判断，决定生产什么和生产多少。即使政府需要产品和服务，在许多场合下，也要到市场上进行采购，通过市场招标方式来完成。企业根据市场价格信号，自主决策"是生产还是不生产"、"应该生产多少"。仔细想想，我们日常生活和工作中所需要的各类产品与服务可能要数以百计，甚至数以千计，其中哪一样不是我们根据市场价格自主选择的呢？真正需要政府直接配置的产品和服务已经很少了。消费者是这样，生产企业也是如此。这是发生在我们日常生活中的一个常识。而消费者或需求者所做出的自主选择，实际上就是通过货币对生产企业提供的产品和服务进行"投票"，也就是"出价"。生产企业根据消费者或需求者的"出价"，决定生产什么、生产多少。

其次看"HOW 问题"。"HOW 问题"实质上是成本效益计算问题。在市场在资源配置下起决定性作用或基础性作用的情况下，企业是以追求利润最大化为目标，在成本效益计算基础上，选择生产方式。在当今中国有哪一家企业，不管是国企还是民企、还是外资，不是在成本效益计算基础上，以追求利润最大化为目标，选择最有效率的生产方式呢？甚至许多公共服务部门如医院、教育机构和科研机构，公共基础服务部门如公共交通、供水排水、城市绿化等部门也是将收益最大化作为本单位的一个重要目标。总之，在当今中国，追求效率最大化，实现收益最大化已经是企业，甚至是政府及事业单位从事各种活动的通则。这也是一个不争的事实。

最后看"WHO 问题"。"WHO 问题"实质上是产品和服务分配机制问题。在市场在资源配置下起决定性作用或基础性作用的情况下，产品和服务分配的基本原则是"价高者得"。在当今中国，除了特殊产品和服务如保障性住房与最低生活保障之外，消费者所需的绝大多数产品和服务是通过市场，通过"货币投票"方式取得的。谁出的价高，谁就能够得到更多、更好的产品和服务。

著名的新制度经济学代表人物、诺贝尔经济学奖获得者科斯与他的学生曾合作出版了一本书，中文译名为《变革中国》，其书原名为 *How China Became Capitalist*。可见，按科斯的标准，目前中国已经是市场经济体制了。也就是说，中国已经基本完成了由计划经济向市场经济的转轨过程。

值得一提的是，在现实中并不存在着纯粹的市场经济。纯粹的市场经济只是存在于经济学教科书里，只是存在于经济学家的头脑中。例如，在任何制度下，家庭特别是核心家庭中，萨缪尔森所说的"习

惯和本能"仍然是进行资源配置的主导方式。在国防和公共安全领域，
"计划和指令"在任何制度的国家中，都是配置资源的主导方式。

总之，如果我们不太追求语义学上的严谨，也可以说在目前中国
经济中，市场机制已经起"基础性的"作用，或者说是起"决定性的"
作用了。因此，中国政府在国际经贸场合上力争取得"完全市场经济
地位"，是有充分理由和根据的。

二、"腐败"是怎么回事？

在中国过去 30 多年的市场化取向改革过程中，在经历了产品及服
务和生产要素市场化、货币化过程的同时，还形成了一种政府公共权
力的私人化和货币化机制。在经济市场化的大背景下，由于缺少足够
的对政府官员权力的制约，政府公共权力往往会成为部分政府官员私
人所有的"有价资产"，可以为政府官员个人创造私人财富。这就是
"腐败"的经济学基本含义。

粗略的分类，"腐败"可以分为"掠夺型腐败"和"分蛋糕型腐
败"。"掠夺型腐败"是政府官员利用手中权力，"掠夺"现有的"存量
蛋糕"。在历史上，抗战胜利后，国民党接收大员中饱私囊，大肆贪污
伪敌产就是典型的"掠夺型腐败"。在当今中国现实中，有些贫困地区
的官员私吞扶贫款或私吞国家用于扶持落后地区的工程建设款，也是
"掠夺型腐败"。

"分蛋糕型腐败"则是政府官员利用手中的权力，在其权力管辖
范围内做大的"增量蛋糕"，并"分享"之。"分蛋糕型腐败"的官员
行为类似于中外历史上广泛存在的"包税商"。征税权本来是一种政
府的公共权力，但政府这种公共权力承包给"包税商"，变成了"包
税商"自己的私人权力。"包税商"的征税额越大，其取得的收益就

越大。两者的差别是"包税商"往往是明码标价的，是有制度保障的，而"分蛋糕型腐败"则是官场的"潜规则"，既不能明码标价，更无制度保障。

还有一种"腐败"类型是"买官卖官型腐败"。如果"买官卖官"只是单纯的"腐败"行为，不与上述两类"腐败"相联系，也就是说，"买官"者的"买官"目的只是为了"进步"，不是为了得到官位和权力后再去"分蛋糕"或"掠夺"，那么，"买官卖官腐败"破坏了官场中官员升迁的规矩。例如，有钱"买官"的人可能就是有本事的人，应该"进步"，当然也可能不是。"买官卖官腐败"的实质性问题是官场竞争规则的缺失或模糊不清。这属于政治学研究的范畴，本文不做进一步的分析。

其次分析"掠夺型腐败"和"分蛋糕型腐败"对资源配置效率的影响。

"掠夺型腐败"对资源配置效率的影响无疑是负面的。这种类型的"腐败"无异于"抢劫"，是用"掠夺"的方式改变现有的财富分配，而且是一种"帕累托退步"的财富分配，使社会资源从边际效益更高的地方流向边际效益更低的地方。即使不考虑难以用货币估价的"公平、正义"的因素，"掠夺型腐败"也会使社会的整体资源配置效率降低。

"分蛋糕型腐败"则有所不同。"分蛋糕型腐败"是建立在"做大蛋糕"的基础上的，如果"蛋糕"不能做大，那么也就无"蛋糕"可分。从理论上讲，政府官员私人化的公共权力，也是一种私人化配置资源的权力。然而，这种来源于公共权力的私人化配置资源权力与纯粹的私有财产权不同，这种权力必须通过用于公共目的，才能实现其自身的价值。具体到现实，政府官员必须要通过"招大商、招大项目、大开发、大建设"，"做大"其权力管辖范围内的经济总量，才能为自己获取最大化的收入。这样一来，政府官员的"腐败"就成了促进经济快速增长的润滑剂。与历史上"包税商"有足够的动力去扩大税基，创造税源行为相类似，公共权力的私人化和货币化，也为政府官员发展经济、做大经济总量，建立了激励相容的刺激机制。

值得一提的是，与其他一些发展中国家和中国历史上的官场腐败有所不同，当前中国官场腐败有许多是"分蛋糕型腐败"。许多大贪官在下马前曾经是"发展经济"和"招大商、干大项目"的"一把好手"，曾为所在的地区或行业做出过贡献。

最后再来分析"腐败"的代价。

政府公共权力的私人化和货币化机制，实际上是一种用市场原则分配公共权力及其收益的机制，是将市场配置资源的机制引入到官场。但这是一种"坏的"市场配置资源的机制。从短期来看，这种"坏的"机制可能对促进经济增长有一些"正面"效应，但长期来看，无论哪种类型的"腐败"，社会都要为之付出巨大的成本。

政府公共权力的私人化和货币化机制的社会成本主要有以下三方面：一是降低市场的可竞争性。在这种机制下，政府公共权力越来越多地深入"侵入"到各种经济领域，特别是有可能"做大蛋糕"，且对政府官员来说是"有利可图"的领域，如房地产业、金融业、石油产业、铁路业、资源型产业，以及优质的高等教育和医疗卫生机构等领域。一些官员可以利用政府行政性垄断地位，在"做大蛋糕"的同时，也为自己谋利。在当今中国现实中，上述这些领域正是"分蛋糕型腐败"频发的重灾区。政府垄断的存在以及由此导致的政府"与民争利"，就会抑制竞争，抑制私人企业的自由进入，降低市场的可竞争性，造成整体经济运行效率的损失。

二是造成了市场竞争的游戏规则的扭曲。在正常的市场配置资源机制下，配置资源的权力来源于个人或企业能力，即市场竞争力。市场竞争力高的人可以支配更多的社会资源，能够获取更多的财富积累，有了更多的财富积累又可以支配更多的社会资源。在政府公共权力私人化的资源配置机制下，其配置资源的权力来源于公共权力，这就破坏了市场经济中公平竞争的基本原则，并且还会以扭曲的方式传导到"腐败"的"行贿方"，而"行贿方"往往是私人企业。在这种制度环境下，私人企业主的个人或企业的能力不再仅仅要有能够经受市场竞争考验的能力了，而是还要包括是否具有与官员"打交道"、"拉关系"的能力。如果市场竞争中，后一种能力比前一种能力更为重要，市场竞争的游戏规则就会被完全扭曲，"官商勾结"成为了一种规则，这将大大提高交易成本，并抑制了能够经受市场竞争考验的个人和企业能力的正常发挥。

三是政治成本。"腐败"的最大成本是政治成本。政治成本之所以巨大，是因为"腐败"瓦解了一个社会良好运行的价值基础。对于政府而言，"腐败"的政治成本是降低了其执政能力，动摇甚至危及其执政的合法性地位。这一点已成为包括政府在内社会各界的广泛共识，这也是当前中国政府厉行"反腐"的一个最重要原因。

从根本上说，要想改变这种"坏的"市场竞争制度，消除"腐败"，就必须限制政府的权力。当前中国政府力推的"简政放权"的改革，在本质上就是要减少可以"变现"为政府官员私人权力的公共权力范围，形成"无污可贪"的制度环境，也就是建立"不能贪"的制度。

三、如何看待"浪费"？

按照樊纲的思路，限制政府的权力，尽可能地缩小政府对经济的干预，就应该明确政府"究竟应该做些什么"，对此问题明确之后，剩下的都由市场主体或社会组织来做；对政府管制边界的限定，应该采取"正面清单约束"的方式，约束政府对经济运行任意干预的行为

（樊纲，2005）。然而，"天下没有免费的午餐"。尽可能地缩小政府对经济的干预，使市场机制在资源配置中起决定性作用，既有"得"，也会有"失"。

在理论上说，以市场机制进行资源的配置，可以分两个层次来分析：一是资源配置的最终状态层面。经济学的基本理论早就告诉我们，以市场机制进行资源的配置，其资源配置的最终状态一定是有效率的，即可以达到"帕累托最优"状态。对这一点无须再讨论，这就是"得"的方面。二是资源配置过程层面。实际上，"帕累托最优"只是存在于经济理论模型中，存在于经济学教科书中，是经济学家为了进行经济分析所创造出来的有效思维工具。"帕累托最优"状态在现实中并不存在。在现实中存在着的是资源配置过程，也就是市场出清过程。这是一个不断地趋近于"帕累托最优"状态的过程，而且这种"趋近"，永远是"趋近"，但永远不会"达到"。因为如果真的"达到"了，竞争就停止了，市场机制也就不能发挥作用了（柯兹纳，2012）。然而，市场机制资源配置的最终状态是"美好的"，但其市场出清过程却是"痛苦的"。在市场出清过程中，不可避免要出现"浪费"。这就是"失"的方面。

所谓的"浪费"可以表现为以下三个方面：一是产品或服务及其产能的"浪费"。市场机制进行资源配置过程实质上就是竞争过程，有竞争就必须要有产品或服务的过剩，也就是产品或服务及其产能的"浪费"。如果市场需要100万台电视机，正好10家电视机企业生产总量也是100万台，供给与需求相等，这样就不会出现"浪费"，但是市场上也不会有竞争。没有竞争，市场机制也就不起作用了。正是因为存在竞争失败者，资源才会向竞争中胜出者集中，才能实现资源的有效配置。这种"优胜劣汰"的必然结果是部分产品和服务及其产能因其过剩而被"浪费"。这本来是经济学的一个基本常识，但这个基本常识一遇到现实，往往就不会被接受了。例如，当现实生活中出现了钢铁过剩、水泥过剩、煤炭过剩、白菜过剩、萝卜过剩、牛奶过剩等等时，媒体的知识分子甚至一些经济学家就会呼吁政府采取措施，进行干预。这也是政府干预经济的一个重要理由。因此，对存在过剩的产业和项目，国家发改委就要限制、就要审批；国资委就要进行资产重组。例如，前些年，政府以行政的手段进行钢铁企业、煤炭企业和电信企业的重组，其中一个重要理由是避免所谓的"无序竞争"、"过度竞争"，避免由此产生的产品及其产能的过剩，也就是避免"浪费"。

二是时间的"浪费"。市场机制进行资源配置过程实质上是一个市场主体在竞争过程中发现的过程（哈耶克语）。众多的市场竞争主体在市场中不断发现各种可能的盈利机会，这种被发现机会日后有可能证明是成功的，但也可能是失败的。这种竞争过程本身就要耗费时间。而且，被发现的机会或项目也要有一个逐步成长的过程，用于企业自身能力、资金、市场开拓的积累，这也需要消耗大量的时间。特别对于资本品产业、基础原材料产业、高端制造业来说，更是如此。在经济结构调整阶段，如果仅仅是让企业根据市场需求的变化，自主选择进行产业转型升级，那么，也要经受较长时间的阵痛期。这些时间的消耗也是一种"浪费"。时间"浪费"的具体表现就是经济增长速度的降低。结合当今的中国现实，我们正处于经济发展的战略机遇期，要赶超发达国家，要实现跨越式发展，要实现中华民族伟大复兴的中国梦，我们往往就不能容许这种时间的消耗所造成的"浪费"。为此，各级政府就要抢抓机遇，积极引导市场，制定各类产业政策、出台各类产业规划、大力培育战略性新兴产业、促进发展高端制造业、发展"大国重器"，实现产业转型和升级等等。这也是政府要积极干预经济的一个重要理由。

三是管制的"浪费"。任何市场经济国家都存在对市场进行管制的问题，都有行业监管。例如，对食品卫生行业的监管、对药品行业的监管等等，并制定各种产品质量标准。政府还要建立市场规制，例如，保护消费者权益、反垄断行为等等。这些管制和规则的建立都是要付出巨大成本的。这种成本的支出也是一种"浪费"。比较"省钱"、"省力"的管制方式是对市场准入主体进行严格限制。例如，石油行业的管制。在2000年以前，在某种程度上说，石油行业是放开经营的，大量民资进入石油的中下游经营领域。2000年以后，政府开始以行政力量对石油行业进行重组，逐步形成了以中石油、中石化为主体的国有石油企业垄断格局。政府这样做的一个重要理由是，大量民资进入石油的中下游领域造成了市场混乱，石油走私成风、石油产品质量难以控制。20世纪90年代，政府花了很大精力将具有民营性质的金融机构——城市信用社和农村信用社收为国有，取缔民间基金会，其理由也是因其引起的市场混乱，金融风险实在太大了。这种做法实质上是以行业的所有制管制替代行业的市场监管。从节约监管成本、避免"浪费"的角度来看，行业的所有制管制确实比行业的市场监管更为节约、更为省事。至少在当时的情况下是如此。

改革开放30多年来，中国一方面充分利用了市场机制"好的"方面，另一方面通过政府对经济的深度干预在一定程度上克服了市场机制"坏的"方面，避免了上文所说种种的"浪费"，特别是时间的"浪费"，取得举世瞩目的经济绩效，一跃成为经济总量名列世界第二的经济体。对此本文的解释是：改革开放初期，中国是一个经济上落后的国家，发达国家几百年的发展经验给我们提供很好的借鉴，"前有车后有辙"，我们可以跟在发达国家的后面，通过学习、消化、吸收和引进，避免走很多弯路，也就是避免很多"浪费"。从理论上说，这是因为在这一阶段，有关经济发展的知识具有很高"可集中度"。中央政府及其智囊可以利用"可集中"的经济发展知识，制定发展规划和相应政策，设计各种制度，把握和指导全局的经济发展与制度演进方向；地方政府及其智囊可以利用"可集中"的经济发展知识，根据本地和本行业的条件，确定经济发展方向、"招商引资"、进行土地开发、产业园区建设，并以问题导向，进行大量制度探索。以中国的证券市场发展为例，如果任凭证券市场自生自发的成长，中国的证券市场要想发展到当今的水平，可能需要几百年。许多基础性产业和高新技术产业的发展，政府之手的"第一推动"也是非常有成效的。这也是在国际上广泛认可的"中国模式"的精髓所在。

然而，随着经济成熟度越来越高，未来中国的经济发展将进入"无知之幕"（罗尔斯语）状态，知识越来越多地会分散在无数的市场竞争主体的头脑中，也就是有关经济发展的知识"可集中度"将越来越低。在未来，市场上将会越来越多地出现"意想不到"的事，出现越来越多的"惊讶"。这种"意想不到"和"惊讶"，只能是无数的市场竞争主体所为，有利可图的机会只能是他们在市场竞争实践中被发现出来的。因此，本文的初步判断，在未来，政府干预经济的正面效应将递减，而其负面效应将递增，其中一个就是前文所述的官场"腐败"现象频发。

当前中国还遇到了一个实际问题，即地方政府干预经济的能力受限。地方政府干预经济，引导市场，落实其产业发展意图的一个重要手段是土地。政府利用其对土地一级市场的垄断，"以地招商"、"以地换钱"、"以地融资"。然而，随着可建设的土地资源逐步减少，地方政府债务负担的加重，"寅吃卯粮"的现象越发普遍。在这种情况下，即使地方政府想干预经济，以"政府之手"引导市场，促进经济发展，也将会感到力不从心。

总之，要真正认可市场机制在资源配置中起决定性作用方向，重要的不是看其"得"的方面，而是要看其"失"的方面。如果我们只看到市场机制"好"的方面，不能充分估计其"失"的和"坏"的方面，不能容忍"必要和必须的浪费"；如果我们仍然相信政府有能力，可以避免市场配置资源所"需要"的"浪费"，并且无须付出什么代价，那么，一旦遇到现实的具体问题，"看得见的手"就会堂而皇之、名正言顺地介入进来，难以约束其行为。"市场机制在资源配置中起决定性作用"也就不免成为一句空话。

参考文献

高尚全："使市场在资源配置中起决定性作用"，《前线》，2013 年 12 月。

林兆木："使市场在资源配置中起决定性作用"，《人民日报》，2013 年 12 月 4 日。

樊纲："'五年规划'该规划什么，不该规划什么"，《开放导报》，2015 年第 1 期。

柯兹纳：《市场过程的含义》，中国社会科学出版社，2012 年。

萨缪尔森：《经济学》（上册），商务印书馆，1980 年。

论市场的公共利益

朱海就*

摘要:"市场的公共利益"在斯密"看不见的手"思想中已经有所体现。文章在斯密分工理论的基础上进一步说明行动的铰合与私有财产权是"市场公共利益"产生的原因。市场公共利益不是一种"外部性","外部性"包含"市场失败"之意,是对"市场公共利益"的否定。实际上"外部性"并不独立于市场,市场就是外部性的海洋,个体生活在外部性的海洋中,不同的个体对同一外部性有不同的评价,他根据他的评价和支付能力决定在多大程度上对它做出反应,是消除它的影响或暂时接受它的影响,企业家也会对个体因受外部性影响而产生的需求做出反应,提供相关产品供他选择,在这一过程中"市场的公共利益"得到增进。个体当然也有可能选择"打官司"的方式改善其利益,但这种方式不具有一般性,科斯的问题就在于把它一般化,把它看做是"局外人",如政府或法官可以据以增进公共利益的一种方法,这是难以成立的。与之相关的是"产权"也是在个体的行动中不

---

* 朱海就,浙江工商大学经济学院教授。

断地得到调整的，因此"产权"是一个"状态"概念，个体行动目的在于改善其产权状态。科斯的问题在于其"社会总产品"概念是虚构的、静态的，而本文提出的"市场公共利益"不一样，它建立在个体主义与主观主义之上，也更接近真实世界。文章还探讨了市场公共利益这一概念对经济理论、伦理和政策的启示。

关键词：市场；公共利益；企业家才能；外部性；产权

我们经常会有这样的经历，做了自己喜欢的事，或满足了自己的某些欲望，却不需要为此付费，如女人逛街，逛超市是不需要付费，看电影海报不需要付费，不仅如此，我们有时还享受商家免费提供的服务，如互联网上的各种信息、电子邮箱和即时通信工具等等。不仅如此，通过市场，我们做成了一个人不可能做到的事情，如一个人盖不起楼，但通过房地产市场，我们住上了楼房，一个人做不出电脑，但通过电脑市场，我们用上了电脑等等。在上述这些情况下，我们无疑享受到了市场提供的好处，但我们不知道具体是谁提供的，我们称这种好处为市场带来的或产生的公共利益，简称"市场的公共利益"。[1]

虽然斯密早就认识到了市场存在公共利益，但经济学后来的发展较多地关注市场的供求、价格、竞争、生产、交换、分配、消费或货币、资本与利息等等，市场的公共利益问题一直没有引起重视，虽然主流经济学中有"外部性"概念，但把它作为"市场失灵"的依据，事实上是对"市场的公共利益"的否定，下文将对此予以具体论述。"市场的公共利益"与公共管理学研究的"公共利益"也不一样，后者指政府通过公共政策或公共服务，给一地区或国家的居民所带来的共

---

[1] 在这里，"市场的公共利益"也可通俗地理解为"市场是大家共同的利益或资源"，本文意图强调的正是这个观点。

同利益，是有意识的行动的产物，而市场公共利益是无意识中产生的。"市场的公共利益"在迈克尔·波特等人在内的"集群"研究中有涉及，市场的专业化分工、知识外溢等在集群中有充分的体现，"集群"也给集群的成员带来"共同的利益"，但是在"市场的公共利益"的研究中，我们考察的是作为"抽象机制"的市场，而不是作为一种"具体现象"的市场，如"集群"。[1] 为说明"市场的公共利益"产生的原因，文章第一部分说明市场公共利益的特征；第二部分说明"市场的公共利益"产生的原因；第三、四部分说明在"市场的公共利益"的角度下，"外部性"与"产权"等概念需要重新认识；第五部分说明"市场的公共利益"思想给经济理论、伦理与公共政策能带来什么样新的启示。

"市场公共利益"的特征

斯密早就意识到市场的"公共利益"（public interest），他著名的"看不见的手"阐述的就是"私利"与"公共利益"的转化："确实，他通常既不打算促进公共的利益，也不知道他自己是在什么程度上促进那种利益。由于宁愿投资支持国内产业而不支持国外产业，他只是盘算他自己的安全；由于他管理产业的方式目的在于使其生产物的价值能达到最大程度，他所盘算的也只是他自己的利益。在这场合，象在其他许多场合一样，他受着一只看不见的手的指导，去尽力达到一个并非他本意想要达到的目的。也并不因为事非出于本意，就对社会有

---

[1] 陶永谊的《互利经济的逻辑》（北京：机械工业出版社，2011 年）与本文主题也有一定的相关性，他试图用"互利"假设代替主流经济学的"自利"假设，把人的"利他"动机视为达成互利的前提条件，而笔者认为他混淆了"自利"与"理性"，主流经济学中"自利"的含义是"理性"，理性包括了利他动机。互利或公共利益的达成并不需要利他动机，所需的只是良好的市场制度。

害。他追求自己的利益，往往使他能比在真正出于本意的情况下更有效地促进社会的利益。"[1]

在上面这段话中，斯密提到的"公共的利益"、"社会的利益"都是一个意思，在本文中，我们称之为"市场的公共利益"，它是无数个体行动的产物，它并不必然意味着免费的或廉价的，而是指由于这样一种共同利益的存在，我们可以达成自己的目的，离开它则我们不能达成自己的目的。称之为"公共"，是因为它向每个个体开放，而且也关系每个个体的利益，它在很大程度上也决定了个体在多大程度上能达成他自己的目的，比如，它越"高级"，个体所能达成的目的就越"高级"，它越"低劣"，个体所能达成的目的就越"低劣"。发达国家与落后国家的一个重要区别就在于有不同质量的"公共利益"，同样的，城市比农村繁荣，也是由于城市有更多的公共利益。

不难发现，市场的公共利益也表现在这样一种"放大效应"上：1.市场带给"每个个体"的回报要远超出个体在没有市场的情况下"每个个体"仅凭其自身努力所能获得的回报；2.市场带给"所有个体"的回报的总和要远超出"所有个体"付出的总和，特别是他货币付出的总和，即多数人的货币付出远不足以体现他从市场中获得的利益。这也意味着市场中存在巨大的"剩余"，它被人们免费或廉价地分享，它不同于通常说的"消费者剩余"，后者是双方的，前者是"多方的"。

但是，也不能简单地把市场的公共利益理解为"剩余"，如上所述，它是个体达成其自身目的所不可缺少的"共同资源"（斯密称之为"common stock"），商品、服务、资本、各种人才、资源、信息与知识等等都是这种共同资源的构成。这种共同的资源，个体平时甚至意识

---

[1] 亚当·斯密著，郭大力、王亚南译：《国民财富的性质和原因的研究》（下卷），北京：商务印书馆，1997年，第27页。

不到，只有当他把其中的某一部分用于实现自己的目的时，他才意识到它的存在。

"市场的公共利益"产生的原因

"公共利益"是如何产生的呢？我们可以把市场比喻为一架机器，每个追求私利的个体是机器的一个零件，单个的零件不能产生效益，但是，当不同的零件铰合在一起时，就具有了某种功能。市场与机器的区别在于机器的铰合是人"有意识的"，而市场的铰合是"无意识的"，即斯密说的"看不见的"。我们把不同才能之间的协调或合作称为市场的"铰合"，用斯密的话说，就是"交相为用"。斯密有关"分工"的论述，人们都已经比较熟悉，但斯密有关"交相为用"的阐述，还没有引起足够的重视，斯密是这么说的：

"他们彼此间，哪怕是极不类似的才能也能交相为用。他们依着互通有无、物物交换和互相交易的一般倾向，好像把各种才能所生产的各种不同产物，结成一个共同的资源，各个人都可以从这个资源随意购取自己需要的别人生产的物品。"[1]

正是"交相为用"，产生各个人都可以利用的"共同的资源"，它就是"市场的公共利益"。那么为什么不同的行动会铰合，从而使不同的才能"交相为用"呢？这是自发产生的，不是谁有意安排的。那么为什么会自发出现呢？这是因为人的"自利"本性。个体受自然女神的哄骗，"追求私利"，在自然女神的哄骗下，个体追逐私利的过程，也就是行动的不断铰合过程，对私利的孜孜以求最终产生"公共利

---

[1] 亚当·斯密著，郭大力、王亚南译：《国民财富的性质和原因的研究》（上卷），北京：商务印书馆，1997年，第16页。

益"。对此，斯密在《道德情操论》中是这么说的：

"幸好自然女神是如此这般地哄骗了我们。正是此一哄骗，激起了人类的勤勉，并使之永久不懈；正是此一哄骗，最初鼓舞了人类耕种土地，构筑房屋，建立城市与国家，并且发明与改进了各门学问与技艺，以荣耀和润饰人类的生命；正是此一哄骗，使整个地球的表面完全改观，使原始的自然森林变成肥沃宜人的田野，使杳无人迹与一无是处的海洋，不仅成为人类赖以维生的新资源，而且也成为通往世界各国的便捷大道……'眼睛大过肚子'这句庸俗的谚语，在他身上得到最为充分的证实。他肚子的容量，和他巨大无比的欲望完全不成比例；他的肚子所接受的食物数量，不会多于最卑贱的农民的肚子所接受的。他不得不把剩余的食物，分配给那些以最精致的方式，烹调他本人所享用的那一丁点食物的人，分配给那些建造和整理他的邸第，以供他在其中消费那一丁点食物的人，分配给那些提供和修理各式各样没啥效用的小玩意，以装点他的豪华生活气派的人。所有这些人，就这样从他的豪奢与任性中，得到他们绝不可能指望从他的仁慈或他的公正中得到的那一份生活必需品。"[1]

上面几段话分别表达了相连贯的三层意思：1. 个体受自然女神哄骗追求其利益；2. 他人从他追求他自己的利益中获益；3. 他人获益并非源于他的"施舍"，而是源于他"不得不"把自己的所得分配出去。对于这种出于自利而产生的分配，斯密再次使用了"看不见的手"：

"他们终究还是和穷人一起分享他们的经营改良所获得的一切成果。他们被一只看不见的手引导而做出的那种生活必需品分配，和这世间的土地平均分配给所有居民时会有的那种生活必需品分配，几乎没什么两样。他们就这样，在没打算要有这效果，也不知道有这种效果的情况下，增进了社会的利益，提供了人类繁衍所需的资源。当上

---

[1] 亚当·斯密著，谢宗林译：《道德情操论》，北京：中央编译出版社，2011年，第226页。

帝把这世间的土地分给少数几个权贵地主时，他既没有忘记也没有遗弃那些似乎在分配土地时被忽略的人。"[1]

斯密这段话可以这么理解，即假如有产生公共利益的机制，那么财产（在斯密的这段话中"土地"）的初始分配不重要，因为这种机制会将所得分配给在初始时没有获得财产（土地）的人，使他们也能够获得收益，尽管他们没有财产。[2]

"追求私利"促使个体发挥他们的企业家才能，试想假如每个个体都识破自然女神的哄骗，开始"修身养性"，那么他们就不会发挥企业家才能，上述铰合机制也就不会出现，公共利益就不会产生。

在自然女神的哄骗下，个体在任何情况下都会追逐私利，这是其本性，但是，并不是任何情况下的私利追逐都会产生公共利益，一个重要的前提条件是"私有财产权制度"。也就是说，只有那种"增加个体财产"的私利追逐才会最终产生公共利益，"个体的财产"与"公共利益"不仅不矛盾，相反，个体的财产是公共利益的基础，一方面是因为财产权为个体的（铰合）行动提供激励；另一方面，当个体的财产增加，其他个体实现其目的的可能性就增强，因为个体实现其目的时总是要利用他人的财产。在市场中，个体的财产总是用于服务他人，这是财产"公共性"的体现，其实，个体的财产也只有更好地服务他人，他的财产才可能增加。

明确指出私有财产具有公共性的是米塞斯，他早已指出市场经济框架下的财产权与非市场经济框架（如前资本主义制度）下的财产权有根本区别。在市场经济框架下，财产的拥有者不能根据自己的欲望和喜好随意地支配财产，而要"最大可能地满足消费者的需求而使用它们。如果其他人通过更好地服务于消费者而使其黯然失色，那么，

---

[1] 亚当·斯密著，谢宗林译：《道德情操论》，北京：中央编译出版社，2011年，第227页。

[2] 斯密的这一思想与科斯的"产权的初始分配不重要"有异曲同工之妙。

他就将丧失他的财产。在市场经济中，财产的获得和保持靠的是服务大众，而当大众对其服务的方式不满意时财产就将丧失掉"[1]。他认为财产所有者是受大众的委托来经营他们的财产，"私有财产是一种大众的授权。可以说，一旦消费者认为其他人将更有效地使用这种私有财产，大众的授权就被收回了"[2]。

米塞斯从"财产权"的角度发展了斯密"看不见的手"，也进一步揭示了市场产生"公共利益"的原因：市场把大众的财产"委托"给了最善于经营的人，通过"利润与亏损"机制，迫使后者尽其最大可能为大众服务，并且所产生的收益也为大众所分享，即市场中财产具有公共性，市场中收益也具有公共性。

"外部性"概念的问题

我们强调"市场的公共利益"，这与科斯刚好相反，因为他强调的是市场的"费用"（交易费用）。科斯提出的交易成本概念开启了新制度经济学革命，也深化了人们对真实世界的认识，假如我们把分析的角度从科斯强调的"费用"切换到本文提出的"利益"，那么结果会是怎么样呢？会得出哪些不同于交易费用理论所给出的结论呢？先来看一下与之相关的"外部性"概念是否成立，然后在下一部分讨论产权问题。

科斯根据社会成本最低分配产权的思路是建立在外部性概念之上的，科斯的思路是如何建立提供外部性内部化的激励的产权结构。

---

[1] 米塞斯著，夏道平译：《经济学的最后基础》，台北：远流出版事业股份有限公司，1991年，第207页。

[2] 米塞斯著，夏道平译：《经济学的最后基础》，台北：远流出版事业股份有限公司，1991年，第207页。

"外部性"是科斯的关键概念，但"外部性"并不独立于"市场"，市场本身就是一个"外部性"的海洋，而"外部性"概念事先预设了一个没有外部性的世界，然后把它套到真实世界中，说真实世界存在"外部性"，这一做法显然是"无端的"。提出"外部性"概念的人也没有意识到市场的公共利益。市场中的个体总是在利用市场，有时他从市场中获得的利益是有意的，有时是无意的，人们很难把他无意中获得的利益，如利用了各种免费的信息，和"有意"中获得的利益，如通过"购买"或"销售"的方式获得的利益加以区分。这就意味着不存在"外部性的内部化"问题或"补偿问题"，或者说这根本不构成一个经济学问题，而"消除外部性"更是子虚乌有，因为那就等同于消除市场。

个体并不是在任何情况下都打算消除他所受的影响，因为消除这种外部性的（交易）成本可能很高，不值得。同一种"外部性"，在不同个体的价值序列中的位置不同，即对不同的主体的"成本"不同。对有的个体来说，消除某种外部性对他的影响非常迫切，但对另外一些个体来说，消除那种外部性产生的影响不那么迫切。[1] 如对住在马路边的个体来说，有的会把解决噪音困扰摆在优先解决的位置，有的还不会去考虑解决这个问题，因为在他看来，他可以把解决噪音的资金用于满足效用更大的目的，消除那种外部性产生的影响对他来说是得不偿失的。一般来说，"外部性"已经体现在价格中，如美丽的湖边，住房价格往往很高，而噪杂的马路边的房子价格往往比较低。这时，"外部性"已经作为一种成本，进入到个体的评价中，比如他购房时，

---

[1] 外部性对不同个体意味着不同的影响，某种程度上意味着对科斯《社会成本问题》一文中提出的产权配置方法的否定：假如很多人都受影响，那么究竟按照谁受到的影响来配置产权呢？如不能只考虑一个人受到的影响，那么只能把不同人受到的影响加总，然而，由于效用是序数概念，显然不能把效用加总。所以，科斯使用的是一种"局部"的方法，即把个体等同于整体，或者说把整体简化为个体。

会权衡房价与包括外部性（噪音）在内的各种成本，判断某一价格是否是划算的，如政府在他购房之后消除了马路的噪音，那意味着给他提供补贴，因为那样房价就会上涨。

上面的例子说明"外部性"并不独立于个体的主观评价，当个体意识到"外部性"对他产生的影响时并不必然会采取行动去消除它，他需要考虑消除这种影响是否划算，这与市场上有没有可供选择的手段有关。他可以选择的方式主要有科斯说的"法律手段"以及"从市场中购买商品或服务"等，他会选择他认为成本最低的方式，假如他发现即便"在他看来"那些成本最低的方式也超出了他因此可以增加的收益，他就会忍受由于"外部性"而导致的损失，因为"忍受"已经是他的最优选择。当消费者的收入增加时，消除某种外部性产生的影响对他来说会变得更加重要，比如，有可能成为他迫切需要解决的问题。[1]

他的这一需求一般来说会被企业家警觉，因为这种需求对企业家来说意味着商机。企业家会开发相关的产品去满足个体的需要，对于住在马路边受噪音污染的居民，企业家会设想他们需要防噪音的玻璃窗，或需要郊区安静的住房，企业家会把这些产品与服务生产出来供他们选择，从而大大地扩展"他可供选择的手段"。如果个体可以选择企业家生产的产品或提供的服务解决他的问题，那么个体就不必和"制造噪音"的打官司（界定行动的权利），而只要和"制造防止噪音设备"的商家交易产品的产权，假如后者对他来说"交易成本"更低的话。一般来说"购买商品"的交易成本总是比"打官司"更低，[2]这也是为什么我们更多地采用这一方式的原因。打官司一般来说只能是退而求其次的选择，只有当事人提出申诉时，即他认为打官司这种

---

[1] 因为在收入比较低时，他有其他更为迫切的欲望需要满足。
[2] 这个表述和科斯的"制度运行的成本"一样，严格地说并非确切，因为"成本"严格地说只有在个体的选择中才会出现。

方式的成本低于市场中其他可供选择的方式时（如上面提到的购买设备），才需要法官登场，所以"打官司"这种方式不具有普遍性，个体一般来说并不是通过打官司（产权重新配置）的方式增进其效用，而是通过购买商品或服务的方式增进其效用。个体诉诸于法官来解决问题（重新配置产权）只能是特例，是个体不得已做出的选择，科斯把这个特例一般化，使人误以为打官司是个体解决问题的一般途径，这有误导性。

个体即便选择打官司，他也不是从"总的社会成本"出发来考虑的，而只是从"他自己的成本—收益"出发来考虑的。"打官司"只能视为个体解决其遇到的问题（个体为了增进其效用）的手段，而不能视为增进社会福利——通过各方的收益—成本的计算，进而界定产权实现——的手段，虽然法官在这个过程中对产权的界定也有可能在"无意中"促进了更有助于公益（科斯的"社会总产品"）的产权的形成。[1]科斯在《社会成本问题》中提出的"重新配置产权"（一个"分配"问题）的方法即便在"总体上"实现了最优（静态均衡意义上），但对个体来说，却不一定是最优的，因为他可能有其他成本更低的手段可供选择。因此，重要的是消费者有没有可能以一种成本较低的方式解决他的问题（满足需求）。如是在一个比较自由的市场中，他总是有机会的，因为企业家会对他的需求做出反应，如缺乏这样的市场，那么他不得不一直"忍受"噪音，假如他认为打官司的成本超出他从减少噪音中所获得的利益的话。因此，社会福利的增进不是"产权配置"的结果（科斯的思路），而是在个体欲望的不断满足中增进的。

---

[1] 强调这一点非常重要，即并不是因为法官事先知道如何配置产权才能增进公益，所以才那样配置产权，而是因为法官在解决问题的过程中"发现"了一种有助于解决纠纷的方法，这种方法包含了有价值的知识，它可以被模仿，从而增进了社会的公益。因此，更有助于公益的产权结构只能是一个无意识的"结果"，而不是事先（作为增进公益之目的）的动机的产物。这一解释与英美经验法（判例法）传统吻合。

产权是"状态"概念

我们对科斯的一个"不满"是他没有说明"产权"调整的动力，准确地说，他把法官视为一个产权调整的主体，他能够"比较不同的安排产生的总产品"，[1] 据以确定产权安排。科斯实际上预设了产权在法官调整之前是"清晰"的，剩下的只是"界定"给谁的问题，所以他才会有"合法的妨碍"一说，[2] 但我们认为，与其用"合法"与"妨碍"这样一对自相矛盾的概念，不如承认产权存在模糊地带，即存在不需要明确界定的空间，如上面提到的马路噪音的例子，住在马路边的居民在多大程度上享有安静的权利，法律不可能予以明确的规定，这取决于个体对安静的欲望，以及他在多大程度上愿意为"安静"支付代价以及支付能力如何。就是说，"安静"是一个需要购买的、品质不一的"产品"，可以"很安静"（比如使用先进的防噪音设备），也可以"不那么安静"（比如不使用相关设备），产品质量不同，价格自然也不同，购买不同的产品，就享有不同的产权，这取决于他的购买意愿与支付能力，如他愿意花高价买安静，同时也有支付能力，那么他的"产权状态"自然就比较好。这样，就把"产权"问题转化为"购买"问题，而不是权利的"界定"问题。现在的问题是，在遇到所谓的"外部性"问题时，人们想到的总是政府或法官出面界定产权，而没有想到人们会使用"购买"的方式来决定自身的产权状态。因此，产权是"个体的"，个体的产权是一个"状态"，他的最低支付能力和支付欲望决定了他的产权。

---

[1] R. 科斯、A. 阿尔钦和 D. 诺斯等著，刘守英等译：《财产权利与制度变迁》，上海：上海三联书店、上海人民出版社，1994 年，第 40 页。

[2] "许多立法的效果是保护工商企业不受那些因受损害而提出各种要求的人的影响。因此，还存在许多合法的妨碍"，它指的是这样一些侵犯，如被法令阻止的话，将造成更大的社会损失，因此，应该被容忍。R. 科斯、A. 阿尔钦和 D. 诺斯等著，刘守英等译：《财产权利与制度变迁》，上海：上海三联书店、上海人民出版社，1994 年，第 29 页。

还要强调的是，一个人的支付能力，与市场中相关产品的价格有关。假如市场中有更廉价的产品可供选择，那么相当于他的支付能力提升了，这也是市场公益性的体现，假如市场上根本就没有相关产品，那么他买不到"安静"这种产品，如上所述，他只能忍受。可见，"产权明晰"只能意味着个体有权利采取"他认为他最适合的手段"解决他的问题，而不是政府或法官的"产权界定"。"产权界定"在理论上不成立，一方面是因为他相当于政府无偿地给某一方赠送产品，如"安静"，这一行动缺乏正义基础，即凭什么要给一方赠送这种产品？另一方面是因为这一方法没有考虑界定的"成本"，没有回答谁为"界定"支付成本？它事实上假设界定是不需要支付代价的，是在真空中发生的，只要"界定"会增加社会总产品，那么"界定"就会自动实现。因此，产权是个体行动的结果，而非界定的结果，通过自身的行动，个体不断地改善自身的产权状态。这意味着产权的调整、个体效用的改善与社会公共利益的增进是不可分割的同一个过程，都是与个体的行动相伴随的。[1]

"市场公共利益"的理论、伦理与公共政策蕴意

根据是否意识到市场的公共利益，可以把经济学分为两类，一种是没有意识到市场存在公共利益，把个体利益最大化（微观经济学）或某个总量水平，如就业水平、增长率或货币量的最优（宏观经济学）作为研究议题的经济学；另一种是意识到市场的公共利益，研究如何推进公共利益的经济学，及什么样的制度才能将个体的私欲转化为公共利益的经济学，这是真正的政治经济学问题。从市场公共利益的角

---

[1] 科斯把产权的调整作为（政府或法官）增进社会福利的"手段"。

度看，经济学不是研究"最大化"的科学或"目的—手段"的科学，而是不同的行动如何相协调（铰合），从而产生公共利益的科学。

微观经济学与宏观经济学都是"最大化"的科学，最大化科学的特征是寻找数据，计算最优，而"市场的公共利益"从根本上否定了经济学是一门"最大化"科学，因为"公共利益"看不见摸不着，是无法用数据衡量其价值的，比如个体从市场中获得的各种满足。因此，成本—收益分析只适用于微观层面，宏观层面不适用。像宏观经济学那样，把"总产出"或"充分就业"最大作为追求的目标是不成立的，"总产出"或"充分就业"不等于"公共利益"，因为总产出可能以牺牲市场的公共利益为代价。

市场的公共利益也使我们对价格的功能有新的认识。一般认为，价格是调节供求的信号，这固然没错，但从市场的公共利益角度看，价格是把不同的行动与才能"铰合"在一起的机制，没有价格信号，不同人之间就不能协调他们彼此独立的行动。[1]

同样的，"市场的公共利益"也意味着对分配问题的新认识。比如"按劳分配"，在一个企业内部可以实现，但放到一个社会中，就难以实现。一个原因是那些创造者，如盖茨、乔布斯与马云等人的贡献有很大外部性（公共利益），很难计算出包含外部性在内的"贡献"，然后再把这种"贡献"分配给他。"按劳分配"如要在国家层面推行，必然（也是必须）否定创造性的公共利益，这是为什么计划经济难实现的原因，因为计划经济试图在国家层面实施这样的分配制度。而市场经济却不需要全面地推行这样的分配制度，因为市场会以各种方式自动地给创造者的贡献计价，这个价格间接地考虑了他在"公共利益"方面的贡献。

---

[1] 哈耶克著，邓正来译：《个人主义与经济秩序》，北京：生活·读书·新知三联书店，2003年，第128页。

不仅如此，"市场的公共利益"这个角度也对经济学主流的"供求"分析法提出了挑战。供求平衡与市场公共利益没有什么关系，供求平衡并不意味着市场的公共利益的增加，这意味着着眼于"供求平衡"的经济政策都是值得怀疑的，"供需"与真正的经济学问题甚至是无涉的。

"市场的公共利益"也有力地捍卫了自由至上主义。自由至上主义的一些批评者，如周保松、桑德尔还是皮凯蒂等人，都是没有看到市场的"公共利益"。比如，皮凯蒂的观点就有代表性，他认为由于投资回报率高于经济增长率，导致财富分配越来越不均衡，贫富差距越来越大，财富越来越集中在少数人手中等。这种观点没有意识到，在市场经济条件下，财产所有者只是受大众的"委托"来经营财富，他们的财富只是服务公共利益的手段。因此，贫富差距根本不是问题，重要的问题是如何完善市场机制，以使财产所有者更好地创造公共利益，让贫困者有机会改善福利。

周保松的一个观点是"有钱才有自由，财富的多寡影响自由的多寡"。听起来很有道理，但他没有注意到，有钱人在变得更有钱的过程中，使商品变得更加丰富，更加便宜，从而增加了穷人的自由。又如桑德尔说"医疗资源是我认为金钱不应当主导分配的一个领域"[1]，他没有意识到，让价格机制在医疗资源的分配中发挥作用，会使医疗资源的供应更为充分，价格更低，从而让多数人都能享有更好的医疗服务。

桑德尔隐含资源给定不变，他的分析方法是"静态的"，而非"过程的"。他的"共同的善"，与本文强调的"公共利益"在字面上相似，但有根本区别。他的"公共的善"把社群放到个体前面，是分配结果

---

[1] "到底钱不该买什么——哈佛教授桑德尔接受本报专访，回应本报文章'钱不该买什么'所引发的质疑"，《中国青年报》，2012 年 12 月 19 日。http: //zqb. cyol. com / html / 2012-12 / 19 / nw. D110000zgqnb_20121219_2-09.htm

均等意义上的善，而"公共利益"强调的是个体自由行动权利，通过个体才能的发挥，最终改善所有人的利益。

"市场的公共利益"对政策也有启示。政策应着眼于使"公共利益"不断地得以产生与实现的机制。为此，要辨别"公共政策"与"公共利益"。政府的"公共政策"并不意味着"公共利益"，很多的公共政策限制了个体才能的发挥，阻碍了不同行动间的"铰合"，因此恰恰是对公共利益的破坏，如政府试图直接提供公共服务的社会保障政策与福利政策等，阻碍私人在这些领域发挥才能，使市场价格不能出现，这些政策最终限制了市场中效率更高的服务的出现。

"市场的公共利益"提醒人们注意，公共政策不能立足于"公共服务"，应着眼于市场中个体行动的"铰合"，增进市场公共利益。这一方面要求为企业家才能的发挥松绑，去除限制企业家才能发挥的管制，因为"铰合"的主体是企业家，企业家发挥才能的过程就是行动"铰合"的过程；另一方面要尊重那些自发形成的，有助于"铰合"之实现的制度。

但目前一个严重的问题是片面地认为某些"公共服务"是必不可少的，而没有意识到"市场的公共利益"的存在，这种观念所导致的一个结果是赋予某些政府部门或国企提供这些公共服务的特权。这种做法很可能是得不偿失的，因为一旦政府部门或国企获得了这样的特权，就阻碍了企业家在相关领域发挥才能，这些领域就与其他领域难以实现正常的"铰合"，相当于一部机器中有某些损伤的零件，从而在整体上减少了"市场的公共利益"。不仅如此，"为了公共服务的需要"也容易成为侵犯私人财产权的借口，比如在土地的征收过程中经常会出现这样的情况。

"市场公共利益"与教科书中"公共品"也是不同的概念。"公共品"这一概念暗含的是市场存在失灵，因此需要政府提供公共品去弥补或解决，它虚构了某个理想的状态，然后用这个理想状态去衡量现实，再得出"市场失灵"的结论。可见，"公共品"是一个有误导性的概念，它把人的目光吸引到了市场虚构的"不足"上，而不是市场所产生的实实在在的"公共利益"上，这一概念最终导向"破坏主义"，即对我们赖以生存的"市场的公共利益"的破坏而不是增进。

结　语

区分"市场的公共利益"与人们常说的"公益"非常重要，"市场的公共利益"是无意中实现的，而人们常说的"公益"是政府、企业或个体有意提供的。我们并不反对有意提供的"公益"，但这种"公益"应以不破坏"市场的公共利益"为前提。政府的公共政策应该立足于努力地提升"市场的公共利益"，立足于怎么将私利通过市场转化为公益，而不是替代市场，垄断那些本来可以由市场提供的公共服务。私有产权的公共性质提醒我们，我们并不需要通过公共产权去实现公共利益，如斯密早就提醒我们，私有产权是实现公共利益的更有效手段。因此，重要的是如何通过市场机制让私有产权的公共性发挥出来，而不是让公有产权去代替私有产权。

"市场的公共利益"应该是公共政策的核心，它引发两个不同层面的问题，一是政府在什么情况下提供公共服务，以及政府应该提供什么样的公共服务才不损害或促进"市场的公共利益"；二是政府如何把"有助于增进市场公共利益"的服务有效地生产出来。这一区分表明，公共服务的"合法性"不是由大众的诉求决定的，更不是政府自己决定的，而是由"它是否有助于促进市场的公共利益"决定的。因此，要在"市场的公共利益"的框架下思考"公共服务"问题，政府提供的公共服务必须服务于"市场的公共利益"的增进。因此，"市场的公共利益"引发的是一个真正的"政治经济学问题"或"宪政经济学问题",它要比第二个层面的问题,即充其量只是一个技术经济学或管理学的问题复杂得多。

这个世界需要更多的荣·保罗

冯兴元*

　　美国政坛有位老政治家，一位来自德克萨斯州的前共和党众议员，他的理念和眼界已经远远超越了当前的美国两大政党，是"茶党"运动的"思想教父"。他就是荣·保罗（Ron Paul）。保罗出生于1935年8月20日，是一位美国医生，1957年于盖兹堡学院获得了生物学专业理学学士学位，1961年于杜克大学医学院获得医学博士学位。

保罗从政和接受奥地利学派经济学的缘由

　　更重要的是，他是一位奥地利经济学派思想的信奉者和践行者。保罗受到奥地利学派思想的影响，其源头可以追溯到20世纪60年代他还在做住院医师时。当时他就被诺贝尔经济学奖得主、奥地利学派第四代代表人物哈耶克的著作《通往奴役之路》所触动。受其启发，保罗读了许多相关的著作包括自由至上主义者安·兰德和哈耶克的老

* 冯兴元，中国社会科学院农村发展研究所研究员，中国社会科学院研究生院教授。

师米塞斯等人的作品。他开始结交一些经济学家如汉斯·森霍兹（Hans Sennholz）和穆瑞·罗斯巴德（Murray Rothbard），在他们的影响下对学习经济学，尤其是奥地利学派经济学有了兴趣。1971 年 8 月 15 号，美国总统理查德·尼克松背弃了对国际社会的承诺，宣布退出布雷顿森林体系，把美元彻底和黄金脱钩。这时，保罗开始相信奥地利经济学家所说的是正确的。就在这一天，这位年轻的医生决定从政。以后他回忆道："这天之后，所有的钱将不再具有任何真实的价值，而只具有政治意义了。"保罗把奥地利学派经济学带入其政治舞台，将其运用于对公共政策以及政治本身的分析，从而独树一帜，提出自己的政策和政治主张。他把这种执著行动既视为自己的政治态度，也视为对其他政治家和公民的教育。

实现繁荣的思想根基：
奥地利学派的一些基本思想、理论和方法论

奥地利经济学派属于一种有关人的行动的经济学，一种有关真实世界的经济学，一种保护个人基本权利的经济学。该学派是一整套前后一致的精粹思想、理论和方法论的独特组合。正因为奥地利学派经济学家能够打出这种"组合拳"，才使得其经济分析具备很猛的火力。虽然在经济学史上奥地利学派的很多思想、理论和方法论渐渐纳入主流经济学，人们在主流经济学中可以找到其很多踪迹，但是主流经济学属于大杂烩，其糟粕部分——比如凯恩斯主义宏观经济学——往往盖过这些精华。而且，习惯于新古典经济学的经济学家，对于同一个经济现象，往往会得出错误的结论。因此，不能因为新古典经济学中已经融入了某种奥地利学派的或类似于奥地利学派的思想、理论或者方法论，就认为不存在弘扬奥地利学派经济学思想的必要性。

我们在此可以以新古典经济学和奥地利学派有关"竞争"和"垄断"的不同观点为例加以说明。新古典经济学认为，开放市场中企业基于更大效率会导致"垄断"，对于罗斯巴德而言，那属于"竞争"，而非"垄断"。他认为，只要存在自由的市场进入，就存在"竞争"；只有一种"垄断"，那就是我们中国人常说的"行政垄断"。新古典经济学家会对其心目中的"垄断"开出错误的药方，比如美国 AT&T 公司曾经按此惨遭分拆。但是，针对同一经济现象，奥地利学派经济学会强调开放通信服务市场准入的正确药方。目前新古典经济学家对这种基于较大效率形成的"垄断"有了更大的容忍，其部分原因就是在于他们接受了对这种公共政策"解决方案"的各种批评。但其错误认识论并没有得到纠正。

　　此外，新古典经济学的完全竞争均衡观也有其重大缺陷。新古典经济学提倡完全竞争范式，无视市场过程，把完全竞争均衡状态之外的所有状态视为一种"不完全"、"欠缺"甚至"市场失灵"。奥地利学派则认为这种"不完全"其实体现了市场过程，是市场的常态，而这种"完全"则是无法实现的，甚至不成其为例外。奥地利学派强调存在朝向完全竞争均衡的均衡化趋势，但是均衡永远不会实现。这是因为在实现均衡之前，经济过程所面对的条件发生了变化，从而出现朝着一种新的均衡发展的趋势。按照柯兹纳（Israel Kirzner）的观点，市场过程体现为均衡化过程，是竞争力量驱动的，其中企业家发挥主导作用。其实质是竞争过程，也是企业家过程。而竞争和企业家则是一个硬币的两面。柯兹纳认为，在市场过程中，企业家对由于人们的无知而存在的未被利用的利润机会抱有警觉，先于他人发现这种低价买入、高价卖出的套利机会，于是投入资源、采取行动，以实现套利。这种未被利用的利润机会也体现为市场供求的不协调和不匹配。这种套利过程并不能使得买卖双方一步到位地发现最低的买价和最高的售价。但企业家的行动促进市场参与者之间的交流，买卖各方都能从企业家的行动中学习，从而减少各方的无知，也使他们自己的行动实现更好的调适。每一次买卖都会比此前的买卖更少无知，取得更好的调适。比如，买者比此前更知道在哪里可以以更低的价格买到他们的商品，卖者比此前更知道在哪里可以以更高的价格卖出他们的商品。这种市场过程呈现一种开放试错的态势，该态势指向市场参与者的各种供求取得两两协调的状态。

奥地利学派强调一些基本的方法论，包括方法论的个体主义、主观主义认识论、主观价值论和边际效用论。方法论的个体主义把一切社会现象看作是个体行为和个体之间互动的结果，认为一个集体或者群体不可以被看作是一个独立的决策者，集体或者群体（如国家、政府、政党、集体这些集合概念）只不过是许多个体的组合。这种看法容易让我们看到很多集体或者群体不是铁板一块的，里面存在不同的个人和局部利益。主观主义认识论承认只有通过有关个人的知识、信息、感知和预期，才能理解和解释人们的行为。这也意味着价格里面包含了对未来供求的预期。主观价值论则认为，产品和服务的价值大小取决于购买者肯为此付出多少代价，也就是取决于消费者的偏好和需求。由于每个人都有不同的偏好、需求和条件，客观上不存在所谓"正确"的经济价值或价格。这让我们很容易理解为什么大家接受刘德华歌唱会的高价门票：每位买票入场的听众对其演唱会的主观评价至少大于等于门票的货币价值。奥地利学派创始人门格尔完整地提出和阐释了边际效用理论（但其本人并不使用边际效用这一概念），认为个人占有的某种财货的数量越多，他赋予每单位财货的价值越小。这些方法论也融入到主流经济学。但是主流经济学家往往不能前后一致地使用这些方法论，甚至弃之如敝屦。比如虽然微观经济学接受了方法论的个体主义，但是宏观经济学则严重违背方法论的个体主义，甚至利用根本就不存在事物的总量概念，比如价格总水平。又如主流经济学的社会福利函数既违背方法论的个体主义，又违背主观主义认识论和主观价值论，这是因为主流经济学认为每个人的福利可以加总为社会总福利，从而无视每个人的福利来自每个人的主观感受，无法真正加总的事实。

除了过程分析视角之外，奥地利学派的结构分析视角也对主流宏观经济学提出了严重挑战，打翻了宏观经济学总量分析的黑匣子。奥地利学派有关消费和生产的时间结构理论认为，人们的消费有时间偏好，生产活动建立在对于满足消费者需求的预测之上，生产者往往利用"迂回生产"，以提高生产率。根据第二代奥地利学派代表人物庞巴维克的"迂回生产"理论，生产者制造生产品（生产者财货），然后用这些生产品去制造消费品（消费者财货），可以提高效率。生产者可以拉长迂回生产，增加消费品生产环节之前的迂回生产环节，从而进一步提高生产效率。

根据奥地利学派的资本结构理论，资本往往是异质的，必须搭配着使用，形成资本的结构。而且只有纳入到各种个人生产计划的资本才是有用的资本。个人计划改变，资本的结构也改变。与此相反，主流宏观经济学资本的"总量"往往是一个不实的概念，提供不了多大的信息。奥地利学派经济学家拉赫曼指出："资产总量的变化是我们衡量成功的标准。但它不能告诉我们发生了什么事和为什么会发生，就如同温度计不能告诉我们病人是患有疟疾还是流感。"

米塞斯和哈耶克的经济周期理论结合了奥地利学派的生产结构和资本结构理论。在注入低息货币后，货币通过影响各种产品和要素的相对价格与生产的时间结构来影响经济的真实方面，它使得资源在不同的生产环节上重新分配。资本不是同质的存货，不是同一种东西的堆积，而是各种物品之间相互联系的一个网络，是相互补充的各种组成部分之间形成的一种复杂结构，生产过程应该被视为一个接一个"阶段"，从最终消费层层递进，一直到更为遥远的阶段。非消费品的杂乱堆积，未必能够增加最终产出。每种资本投资如果要想能够提高最终消费品产出，就必须适应指向最终消费阶段的资本的完整结构。那些没有能够构成这样完整结构的投资，就是错置的投资，只能造成资本损失和运营亏损。价格的根本作用在于只有在它能够反映所涉及的不同种类的资本品（不断变动的）的相对稀缺程度的时候，资本结构才能整合为一个整体，才能显示出那部分错置的投资。根据哈耶克的观点，政府增发货币导致由银行体系派生的信用增加，从而导致市场利率下降，直至低于自然利率即均衡利率。企业在这个虚假繁荣信息的误导下，重新配置资源，扩大投资，从而拉长生产过程，生产的迂回程度增大。社会资源因此也转移重心，从消费转移到投资。假设消费者的时间偏好没有改变，企业对更进一步迂回生产的盈利性就会形成错误预期。但是，这种企业投资会脱离消费，不能维续。随着生产过程的延长，企业相对于消费者而言占用了大量的资源，消费者财货的价格上升，而消费者需要维持既有的消费水平，这要求企业重新调整生产的时间结构，缩短生产过程，也就是减少生产的迂回程度，回到更直接的生产过程。原本有利可图的投资，在这时就变得无利可图，经济危机由此出现。这时会出现两种情况：高涨阶段利用银行信用正在进行的新建厂房设备等投资，由于资本缺乏而萎缩或中止；已生产的机器原材料等，由于其他企业缺乏资本而销路不佳，价格严重下挫。

对保罗影响最大的应该是哈耶克的老师米塞斯。米塞斯提出了"人的行动学"（praxeology），成为新奥地利学派的核心理论。根据该理论，人的行动是有目的的行动。行动是见之于活动而变成一个动作的意志，是为达到某些目的，是自我对外界环境的刺激所做的有意义的反应。人的行动必然是"理性的行动"。他根据其目的"理性地"选择手段。他的行动是理性（即便是错误的）考虑的结果，而且总是企图（即便是无效的）达成一个明确的目的。要使人采取行为，仅仅是其感到不安逸和想像一个较满意的情况还不足够，还需要满足第三个必要条件：预料其行为足以消除或至少足以减轻所感觉的不安逸。米塞斯认为，人的行为的最后目的总是行为人的想望之满足。满足的程度较大或较小，除掉个人的价值判断以外，没有任何标准；而个人的价值判断是因人而异的，即便是同一个人，也因时而异。使人觉得不安逸和较少不安逸的是什么，是由他从他自己的愿望和判断来决定的，从他个人的主观评价来认定的。谁也不能决定什么事物会使别人更快乐。

奥地利学派经济学致力于分析个体面对真实环境时的状态，认为生产活动建立在对于满足消费者需求的预测之上。奥地利学派经济学主张私人财产是有效运用资源所不可或缺的，认为企业家精神是发展经济的主导力量，论证了市场经济是一种"自发秩序"和人类合作的"扩展秩序"，是一条通往自由与繁荣之路，坚信政府对于市场过程的干预将会导致非意图的不良后果。

保罗的政治生涯、政策主张与著述

奥地利学派经济学，尤其是米塞斯的思想是保罗政治和公共政策主张的思想根基。保罗 1988 年获得美国自由党总统候选人提名，2008 和 2012 年两度作为共和党总统候选人竞选失败。他在竞选活动中，尽管被主流媒体所忽视，却吸引了一大群极其热情、富有活力的追随者。他的追随者们用网络和各种社会关系发起了一场来自底层的社会运动。他批评共和党，认为这个党已经抛弃了宪法强调的小政府原则。他支持减税和自由市场，反对联邦储备体系，认为应该恢复金本位。在伊拉克方面他持强烈的反战立场。他号召撤销许多联邦政府机构如联邦调查局和联邦缉毒局，取消个人所得税，废除所有的社保计划，并且反对全民医保。尽管得到了某些团体的强烈支持，保罗两度作为共和党总统候选人参选，均没能赢得共和党候选人提名。保罗所发起的运动被称为"荣·保罗革命"，他是"捍卫自由运动组织"的领导人。此外，保罗后来还是美国"茶党"运动的"精神教父"。

保罗支持自由放任市场体制的观点以及反对种种福利国家的观点，与米塞斯、罗斯巴德和安·兰德相同。他支持金本位的观点，与米塞斯和早期的哈耶克相同，与晚年的哈耶克和罗斯巴德不同。晚年哈耶克和罗斯巴德都支持货币竞争方案，即由私人银行竞争性地发行货币。他也是米塞斯研究院的高级研究员，在其政治活动中广泛宣传和运用奥地利学派经济学家米塞斯和罗斯巴德的经济思想，是位多产作家，发表和出版了大量政治和经济理论题材的著作，立基于奥地利学派经济学和古典自由主义哲学理念。其著述包括《选择金本位的理由》(1982)、《一种自由的外交政策》(2007)、《繁荣的支柱》(2008)、《革命宣言》(2008)、《终结美联储》(2009)以及《自由的界说》(2011)。

《繁荣的支柱》为美国和其他国家
实现持久繁荣提供苦口良药

荣·保罗的《繁荣的支柱》出版于2008年。除了第二章之外，全书集中了其从政多年的许多演讲稿。全书正文分为九章。中文版外加2012年保罗国会退休演讲。第一章开门见山勾勒了政府的作用范围，强调了联邦制和共和制原则、私人产权、法治和自由市场体制的重要性，美国的政治与经济危机和面临的挑战，以及为了实现繁荣所应采取的相应政策选项。这是保罗全书的总纲，因而该章被题为"自由社会的经济学"，其实是有关自由社会的政治经济学分析。第二章介绍了米塞斯的思想和奥地利学派经济学的理论，点明了两者属于实现繁荣的思想和理论支柱。其后各章依次提出了改革社会保障体制、减税、货币改革、自由贸易、外交事务、住房市场改革，以及政府收支体制改革与政府监管体制改革。这些章节的观点均为第一章"自由社会的经济学"总体公共政策思路的重申和扩展，以及第二章米塞斯思想和奥地利学派经济学的具体运用。

保罗在《繁荣的支柱》一书中提到，在阅读奥地利学派经济学著作之前，他不了解自由市场的运行规律；在读完奥地利学派经济学的著作后，他对它有了认识，并可以描述这种规律。他希望付诸政治行动，希望以此传播这些理论。保罗特别提到米塞斯在《人的行动》一书中对政治家的要求：真正的政治家的"真正的政治理念，应当是长期的、原则不变的。但受到利益集团操纵的政客一旦上台，政府将不再关心长远问题"。他强调，他从政以后更加确信米塞斯的这一要求。其实，他在政治家生涯中，也自始至终要求自己秉承真正的政治理念。诺贝尔经济学奖得主布坎南曾经写过一本书《原则政治抑或利益政治》，在其中反对利益政治，强调原则政治。保罗无疑是践行原则政治的典范。《德克萨斯月刊》曾将保罗称为"完全奉守原则而且绝不让步"的人，从来不向国会里的游说分子低头，始终以他"深刻抱持的原则"投票表决议案，并且从不接受"秘密协议"的手段。保罗是个坚定的宪法主义者（小政府）、自由意志主义者。在国会的各种表决里他反对几乎所有的政府开销、法案，或税赋案，为此其共和党同僚给了他一个"说不先生"的绰号。他自己在《繁荣的支柱》一书中指出："我们固然要学习奥派经济学，但我们更要学习的是米塞斯的做人原则，他的谦谦君子作风，他对真理的捍卫和坚毅。"他承认自己经常努力效仿米塞斯的处世风格。

保罗书中简单介绍了他所推崇的部分奥地利学派思想。他强调主观价值论的重要性，反对客观价值论；赞同米塞斯主张的"自由放任"政策，反对国家干预主义；主张推行诚实货币，反对操纵货币供应量；支持米塞斯等的经济周期理论，反对政府的通货膨胀政策。他对米塞斯从功利主义视角论证自由市场和个人基本权利保护的重要性持保留态度，坚持从天赋权利角度去看两者的保护的重要性。有关保罗对各个领域公共政策的见解和主张，读者可以亲自翻阅全书，获得直接体悟。

《繁荣的支柱》中文版增加的 2012 年保罗国会退休演讲也是非常精彩的。由于保罗是美国政治家中最为前后一致的政治家。这份冗长的演讲也是对保罗的思想，包括对美国问题的看法和其所提出的政策药方的最好总结。在演讲中，他开门见山地指出："我在 1976 年的目标，和今天的一样——在严格遵守个人自由的原则下，促进和平与繁荣。"他坚持认为，美国在 20 世纪后期的所作所为，会给美国带来重大的金融危机，盲目扩张和逐渐破坏国家安全的外交政策，将最终吞噬美国。保罗坚信，为了达到他所追求的目标，政府将不得不缩小规模和范围，减少支出，改变货币体系，并拒绝充当世界警察，减少扩张美帝国的不可持续的支出。保罗认为，这些问题似乎是压倒性的，且不可能解决的，然而只是遵从宪法强加于联邦政府的约束条件，就是一个良好的开端。有关美国存在的各种问题，保罗认为，要反对政府对暴力的垄断、对外扩张主义、经济干预主义，以及社会干预主义（即福利国家）。最后，保罗承认，他这么多年一直试图找出"事物的朴素真理"。正如中国古人说得好，"大道至简"。保罗所要寻找的就是"道"，是"抱朴归真"。他坚信自己已经得出一个坚定的信念：对于世界各地的广大人民来说，这种"事物的朴素真理"就是"追求自由的目标"。

结　语

保罗这样的政治家在美国属于一枝独秀。但是，真理往往不在多数人的手里。我个人相信，这一次真理在保罗这个少数派的手里。当然，根据哲学家波普尔的观点，我们不能完全把握真理，只能通过试错接近真理。美国的政治家们和社会精英们需要认真反思美国当前的公共政策问题，认真考虑保罗提出的一整套公共政策主张，而且更要理解和学习其背后的奥地利学派经济学思想。比如，在长期来看，思想改变世界。经济学家凯恩斯说过，"观念可以改变历史的轨迹"。诺贝尔经济学奖得主哈耶克也曾经讲过："在长期，我们是自己命运的创造者；在短期，我们就是自己所创造观念的俘虏。"这也说明了解放思想的重要性。

最低保障与个人自由

——哈耶克是否自相矛盾?

王建勋 *

摘要：作为 20 世纪最有影响力的古典自由主义者之一，哈耶克以批判计划经济和崇尚个人自由而闻名于世，但在对待社会保障问题上，其看法有些令人费解。一方面，他极力反对福利国家，反对以再分配为目标的特定社会保障，另一方面，他又主张国家应当帮助那些存在生计困难的人，为其提供最低限度的收入保障，确保其能够维持生活。哈耶克的看法是否自相矛盾？这两种保障存在根本区别吗？最低收入保障是否与个人自由相容？进一步，古典自由主义者该如何对待社会保障？这些问题值得认真分析和回答，因为它们不仅关系到哈耶克理论的一致性，而且涉及到古典自由主义者该如何对待社会保障的一般性命题。

关键词：最低（收入）保障；福利国家；再分配；个人自由；古典自由主义

---

* 王建勋，中国政法大学副教授。

哈耶克（F. A. Hayek）无疑是 20 世纪最负盛名的古典自由主义者（classical liberal）之一。他毕生致力于批判计划经济和形形色色的集体主义，阐释和发展自由社会的法政原理，堪称古典自由主义传统的集大成者。熟谙权力的威胁和危害，哈耶克始终对政府和国家怀抱高度怵惕之心，总是不遗余力地捍卫个人自由。然而，在对待社会保障的问题上，哈耶克的态度有些令人费解。一方面，他极力反对福利国家，反对再分配，反对以满足人们特定收入水平为目标的社会保障；另一方面，他又主张由国家对那些无以为继的人们提供最低保障，确保其获得最低收入，保障其基本生活得以维持。

值得追问的是，为何哈耶克提出这样的主张？他的理由和论证能否站得住脚？他的看法是否自相矛盾？最低收入保障究竟是否会伤害个人自由？其与一个自由社会相容吗？进一步，古典自由主义者该如何对待社会保障？为什么？这些问题的探究，无论对于解决这个"哈耶克式困惑"（Hayekian puzzle）还是廓清古典自由主义的基本主张，都有重要的理论和现实意义。本文尝试对这些问题进行初步的回答，以期抛砖引玉。

一、为何哈耶克支持最低收入保障？

在其名著《通往奴役之路》中，哈耶克提出了两种不同的经济保障（economic security）：一种是"有限保障"（limited security），一种是"绝对保障"（absolute security）。前者意味着保障人们免受严重的贫困，确保所有的人都能最低限度地维持生计，或者，说得更加简洁明了，保障（人们的）最低收入（security of minimum income）；后者意味着保障（人们）获得特定的收入（security of the particular income），确保（人们）达到特定的生活水准。[1] 哈耶克认为，有限保障可以提供给一个社会中所有的人，因而不是一项特权（privilege），而是一个具有合法性的愿望目标（legitimate object of desire）；而绝对保障无法提供给所有的人，因此难免成为一些人的特权，只是保障特定的人获得特定的好处。[2] 他还指出，前者不涉及福利国家的问题，而后者则与福利国家密切相关，因为它反映的是一种利用政府权力确保对物品的更加平均或者公正的分配。[3] 在他看来，有限保障的提供是对市场的补充，而绝对保障的提供只能通过控制或者废除市场得以实现。[4]

基于这种区分，哈耶克主张，自由社会中的政府应当提供有限保障——最低收入保障，而不应当提供绝对保障——特定收入保障。在其《通往奴役之路》出版后不久，芝加哥大学经济系助理教授兼美国社会主义党全国主席克鲁格（Maynard C. Krueger）问哈耶克："你如何看待对食物、衣服和居所的最低保障（minimum guarantee）？这是否违反了你对适当计划（proper planning）的定义？"哈耶克回答说："'最低保障'是什么意思？我一直在说，我支持保障这个国家中每个人的最低收入（minimum income）。"此时，当著名政治学家梅利亚姆（Charles E. Merriam）提醒哈耶克，他自己曾经在《通往奴役之路》中用过这样的表达时，哈耶克说："我将用我的方式重新表述，我的意思是，保障每个人都可仰赖的最低收入。当然，很大程度上是失业保险。"[5]

在哈耶克看来，为那些无法维持生计的人提供最低保障，不仅是

[1] Hayek, Friedrich A., *The Road to Serfdom*, Chicago: The University of Chicago Press, 1976, pp. 119-120; *The Constitution of Liberty*, Chicago: Henry Regnery Company, 1972, pp. 259-260.

[2] Hayek, Friedrich A., *The Road to Serfdom*, Chicago: The University of Chicago Press, 1976, p. 119; *The Constitution of Liberty*, Chicago: Henry Regnery Company, 1972, p. 259.

[3] Hayek, Friedrich A., *The Constitution of Liberty*, Chicago: Henry Regnery Company, 1972, p. 259.

[4] Hayek, Friedrich A., *The Road to Serfdom*, Chicago: The University of Chicago Press, 1976, p. 120.

[5] Hayek, F. A., *Hayek on Hayek: An Autobiographical Dialogue*, ed. Stephen Kresge and Leif Wenar, London: Routledge, 1994, p. 101.

正当的，而且是一个自由社会所必需的。他说："保障每一个人特定的最低收入，或者保障一种底线（floor）——确保任何人都不会处于该底线以下，即使当他不能维持生计时——似乎不但是一种防范所有人都面临之风险的完全正当的保护，而且是**伟大社会**（Great Society）的必需组成部分，在此种社会中，个人不再对他生于其中的特定小群体成员有具体的索取权。当那些原先享受其好处的人发现，在并非他们自己过错的情况下，他们谋生的能力消失而无助时，一种意在诱导大量成员离开基于小群体中的成员身份而获得相对保障的体制，可能不久就会招致强烈不满和暴力反抗。"[1]

问题在于，哈耶克支持最低收入保障的理由是什么？它们能否站得住脚？基于英美发达国家的社会经济状况，他给出的第一个理由是，这些国家的经济发展达到了较高的水平，整个社会的富裕程度足以给每个生活困顿的人提供最低的收入保障，以满足其食物、居所、衣服等方面的需求。哈耶克在《通往奴役之路》中这样写道："在一个已经达到了像我们社会的总体富裕水平这样的社会里，没有理由不应该保证向所有人提供第一种保障，而这不会致整个社会的自由（general freedom）于险境。"[2]

这个理由不过是说，既然这些国家已经足够富裕，就应当为那些无法维持生计的人提供最低收入保障。问题在于，为什么一个社会的总体富裕状况可以成为国家为一些人提供最低收入保障的理由？一个社会的总体富裕程度难道不是反映在每个公民的富裕程度上？在自由世界，一个社会总体上的富裕状况总是体现在一个个具体社会成员的财富上，而不是说这样的社会从民间攫取了更多的财富——国家更加富有、藏富于民的社会才可能是一个富裕社会，相反，国家富有而民

---

[1] Hayek, F. A., *Law, Legislation and Liberty, Vol. 3: The Political Order of a Free People*, London: Routledge, 1982, p. 55.

[2] Hayek, Friedrich A., *The Road to Serfdom*, Chicago: The University of Chicago Press, 1976, p. 120.

间贫穷的社会不是一个富裕社会。如果一个社会的总体富裕程度不过意味着其社会成员的财富所有状况，那么，这跟国家是否有权力对无法维持生计者提供最低收入保障是没有任何关联的。在自由世界，虽然一个社会总体上十分富裕，但其政府可支配的财政收入可能捉襟见肘，它拿什么来提供最低收入保障？还有，到底一个社会多富裕才应该提供哈耶克式的最低收入保障？如何确定这样的标准？

与此相关，哈耶克注意到，现代社会中的政府都为其社会成员提供了某种社会保障，这或许增加了他提议由政府提供最低收入保障的信心。他在 1944 年时说："对于英格兰相当多的人口而言，这种保障（最低收入保障）早已得以实现。"[1] 后来，他又指出："所有现代政府都为穷困的、不幸的以及残疾的人提供了保障，关心健康问题和知识传播。随着财富的总体性增加，没有理由认为这些纯粹性服务活动的规模不应该扩大。"[2] 这似乎在说，既然所有的现代政府都提供了最低收入保障，我们就不应该拒绝它。问题在于，即使所有的政府都提供了最低收入保障，难道就能证明其正当性？如果所有的国家都变成了福利国家，难道就意味着福利国家具有正当性？哈耶克自己恐怕也不会赞成这样的推论，但他自己的论证的确存在着让人如此质疑的漏洞。

哈耶克赞成最低收入保障的第二个理由是，由于一个社会的成员面临一些共同的风险，单个人无法抵御，只有集体行动才能满足这种共同的需要，而这意味着应当由国家来提供帮助。在《通往奴役之路》中，他指出："也没有理由认为，国家不应当帮助个人，为其生活中的共同风险提供保障，由于这些风险的不确定性，个人几乎不可能提供充分的保障。正如在生病或者遇到意外事故时一样，只要政府提供的帮助原则上既不会削弱避免这种灾难的愿望也不会削弱克服其后果的

---

[1] Hayek, Friedrich A., *The Road to Serfdom*, Chicago: The University of Chicago Press, 1976, p. 120.

[2] Hayek, Friedrich A., *The Constitution of Liberty*, Chicago: Henry Regnery Company, 1972, p. 257.

努力，简而言之，只要我们处理的是真正可以保险的风险，由国家帮助组织一个全面的社会保险体系的理由就非常强烈。……凡是在共同行动能够减轻个人既无法防御也无法承受其后果的灾难时，无疑就应当采取这种共同行动。"[1]

后来，他在《自由宪章》中也表达了同样的意思："有一些共同的需要，只能通过集体行动来满足，因而能在不限制个人自由的情况下得以保障。几乎不可否认的是，当我们变得更加富裕时，社会总是为那些不能维持生计者所提供的生存保障——这种保障可在市场之外提供——将会逐渐提高。或者，政府可以有益而无害地在这些努力中伸出援助之手甚至起领导作用。没有理由认为政府不应当也在诸如社会保险和教育领域扮演某种角色甚至起带头作用，或者临时地补贴特定的试验发展。在此，我们的难题与其说是政府行动的目标，不如说是它的方法。"[2]

无疑，哈耶克的论证并不复杂。在他看来，既然人类社会中存在一些共同的风险或者共同的需要，而个人无法抵御这种共同风险或者满足这种共同需要，所以需要集体行动，而这意味着由政府插手——提供帮助或者发挥领导作用。这样的说法看起来顺理成章，仔细考虑之后不难发现其中的逻辑和推理问题。我们承认人类社会中存在着共同的风险或者需要，我们也承认这种风险或者需要个人难以应付，因而需要集体行动。但问题是，为什么这样的集体行动就要求政府介入呢？为什么人们不可以通过自治的方式实现这种集体行动呢？为什么人们不可以依赖市场或者公民社会（NGO）完成这种集体行动呢？难道由政府介入比依赖市场和公民社会具有更多的优势？遗憾的是，哈

[1] Hayek, Friedrich A., *The Road to Serfdom*, Chicago: The University of Chicago Press, 1976, pp. 120-121.

[2] Hayek, Friedrich A., *The Constitution of Liberty*, Chicago: Henry Regnery Company, 1972, pp. 257-258.

耶克没有提出和讨论这些问题，而是径直认为集体行动要求政府介入——无论是提供帮助还是发挥领导作用。

实际上，对于抵御人们共同的风险和满足人们共同的需要，并不必需政府介入，因为市场和公民社会在绝大多数情况下都可以完成这样的任务，至少就哈耶克所提到的共同风险和共同需要而言。譬如，就救济穷人而言，家庭、宗族、教会等组织在人类历史上一直发挥着极为重要的作用；就抵御意外事故或者自然灾难的风险而言，各种各样的商业保险或者私人保险都可胜任；至于教育、医疗等领域，私立学校和医院的表现几乎在任何自由社会都比公立学校和医院更加出色。认为集体行动必然需要政府介入的看法是站不住脚的，实际上，大量的集体行动都是在市场上和公民社会中完成的。埃莉诺·奥斯特罗姆（Elinor Ostrom）对灌溉、地下水、森林、渔场等共有资源的大量实证研究表明，在特定的制度条件下，人们是能够自治的，是能够通过自治的方式实现集体行动的。[1] 虽然早期的集体行动理论家们——诸如奥尔森（Mancur Olson）[2] 和哈丁（Garrett Hardin）[3]——对于人们参与集体行动的努力有些悲观，但奥斯特罗姆及其同人的大量研究告诉我们，人是具有自组织和自治能力的动物，根基于自主治理的集体行动不仅是可能的，而且是可行的，虽然这需要特定的制度安排、社会资本等。

哈耶克支持最低收入保障的最后一个理由是，确保不幸的人获得最低收入保障，符合所有人的利益，帮助那些存在生计困难的人或许是一项道德义务。在《法律、立法与自由》的第二卷，他写道："在一个自由社会里，没有理由认为政府不应当以保障最低收入的形式或者

---

[1] Ostrom, Elinor, *Governing the Commons: The Evolution of Institutions for Collective Action*, New York: Cambridge University Press, 1990.

[2] Olson, Mancur, *The Logic of Collective Action: Public Goods and the Theory of Groups*, Cambridge, MA: Harvard University Press, 1965.

[3] Hardin, Garrett, "The Tragedy of Commons," *Science* 162, no. 3859 (1968): 1243-1248.

划定一个任何人都不会降至其下的底线，确保所有的人免受严重的匮乏。确立此种免受极端不幸的保障很可能符合所有人的利益；或者，在一个有组织的共同体里，帮助那些不能自立的人或许是所有人的一项明确的道德义务（moral duty）。"[1] 哈耶克的说法令人困惑的是，他怎么知道最低收入保障符合所有人的利益？如果拿一些人的钱为另一些人提供此种保障，也符合所有人的利益吗？如何来证明这符合为此种保障支付成本者的利益？除非他们这样做是出于自愿，否则，恐怕很难证明这符合他们的利益。

还有，即使承认帮助他人是一项道德义务，但这种道德义务与法律义务（legal duty）也存在着根本区别，前者不可强制执行，而后者是可以强制执行的。那么，如何将帮助他人的道德义务转化为一种法律义务？在法律上一个人（一些人）有义务帮助另一个人（另一些人）吗？可以在法律上要求一些人必须帮助另一些人吗？答案显然是否定的。可见，如果哈耶克主张由国家提供最低收入保障，就必须将为此支付成本界定为一项法律义务，否则，它不过是一张空头支票，根本无法强制执行。需要指出的是，如果强行将一项道德义务转化为法律义务，后果将是非常危险的，因为它要求人们做那些他们无法做到的事情，如同立法要求父母必须爱自己的孩子，孩子必须常回家看看父母。这样的立法看似强化了道德义务，实际上是专断的、暴虐的、不道德的。

二、最低收入保障与个人自由相容吗？

作为个人自由的最有力鼓吹者之一，哈耶克如何看待其最低收入

---

[1] Hayek, F. A., *Law, Legislation and Liberty, Vol. 2: The Mirage of Social Justice*, London: Routledge, 1982, p. 87.

保障提议与个人自由之间的关系呢？仔细阅读其从《通往奴役之路》到《法律、立法与自由》的主要著作之后，不难发现，他不认为二者之间存在矛盾，不认为最低收入保障会限制或者侵犯个人自由。虽然他承认最低收入保障可能会削弱竞争，但他认为，原则上，由国家提供这种保障与个人自由之间是相容的。[1]他还曾指出："只要这种普遍的最低收入在市场之外提供给所有那些无论由于何种原因而不能在市场上充分自足的人，这不必然导致对自由的限制或者与法治冲突。"[2]也就是说，在哈耶克看来，只要这种最低收入保障是提供给所有需要保障者的，只要它不歧视任何需要保障者，或者说，只要它平等地对待所有需要保障者，它就不会限制个人自由。

值得拷问的是，哈耶克在这里似乎曲解了平等原则，背离了他自己对平等的释义。他曾经反复强调，平等仅仅意味着一般性法律规则的平等，或者说，法律面前人人平等，并且，只有这种平等才与一个自由社会相容。在《自由宪章》专门讨论平等的一章中，他指出："一般性法律与行为规则的平等（equality of the general rules of law and conduct）是唯一有益于自由的平等，是在不摧毁自由的情况下我们能够获得的唯一一种平等。自由不仅与其他任何类型的平等无关，而且它们注定要在许多方面制造不平等。"[3]显然，平等地对待所有需要最低收入保障者，与一般性法律和行为规则的平等或者法律面前人人平等完全不是一回事。平等地对待所有需要最低收入保障者，不过是说，所有的人在满足特定条件时都可以享受最低收入保障而已，无关乎一般性法律和行为规则。这种平等不过是需要最低收入保障者之间的平等，其根本在于，确保需要最低收入保障者平等地享有福利特权。这种平等违反了真正意义上的平

---

[1] Hayek, Friedrich A., *The Road to Serfdom*, Chicago: The University of Chicago Press, 1976, p. 121.

[2] Hayek, F. A., *Law, Legislation and Liberty, Vol. 2: The Mirage of Social Justice*, London: Routledge, 1982, p. 87.

[3] Hayek, Friedrich A., *The Constitution of Liberty*, Chicago: Henry Regnery Company, 1972, p. 85.

等，因为它并没有考虑谁为这种最低收入保障买单，并没有将为最低收入保障支付成本者包括进来，因而只是一些人之间的平等，对另一些人构成了歧视。这种平等的倡导者无法回答的问题是：凭什么让一些人为另一些人享受最低收入保障而支付成本？这不是对前者的歧视吗？一般性法律和行为规则的平等允许这样的歧视吗？

在哈耶克看来，虽然一个人可以为政府不应当提供任何社会保障进行合情合理的辩护，但这种辩护跟自由没什么关系，或者说，根本不涉及自由的问题。他说："一旦政府完全不应该涉足这样的事务（社会保障）的顽固立场——一种可以自圆其说但与自由无关的立场——被抛弃，自由的卫士便普遍发现，福利国家的方案包含许多同样正当合理和毋庸置疑的内容。譬如，如果他们承认他们不反对纯净食品法，这被理解为，他们不应当反对推动一个可欲目标的任何政府行动。因而，那些企图根据目标而非方法厘定政府职能的人时常发现，他们自己处于一种不得不反对似乎只有可欲结果的国家行动，或者，不得不承认，他们没有一般性的规则可以用来作为反对尽管可有效实现特定目的但总体上将摧毁一个自由社会之手段的根基。"[1] 为什么政府不应提供任何社会保障的辩护与自由无关？哈耶克没有解释。他一方面强调福利国家中的大量做法具有正当性，另一方面主张根据方法而不是目标来界定政府的职能。问题在于，如何辨析并且根据什么标准来辨析福利国家中的哪些内容是具有正当性的？只要手段合理就不应对其目标进行拷问？政府的目标存在边界吗？什么样的目标政府不应当追求？如何判断政府采用的方法是否具有正当性？……

对于论证最低收入保障与个人自由之间的相容性，哈耶克主要给出了两个理由。一个是，国家不仅是一个强制性的机器，而且是一个服务性的机构；虽然国家的强制性一面对个人自由是一个威胁，但

---

[1] Hayek, Friedrich A., *The Constitution of Liberty*, Chicago: Henry Regnery Company, 1972, p. 258.

其服务性一面则对个人自由没有坏处；因此，一个自由社会只需要限制国家强制性的措施，而不需要限制其服务性的行动。他这样写道："尽管国家不应当介入那些与维持法律和秩序无关的事务之看法似乎合乎逻辑——只要我们仅仅把国家看成一个强制性机器（coercive apparatus），但我们必须认识到，作为一个服务性机构（service agency），它可以在不造成伤害的情况下帮助实现一些可欲的目标，否则，这些目标也许无法实现。那么，政府的许多新型福利活动之所以对自由构成威胁，是因为尽管它们以纯粹服务性活动的面目出现，但它们的确构成了政府强制性权力的运用，并且，在特定领域依赖于政府声称拥有的排他性权力。"[1] 他又说："尽管少数理论家要求政府的活动应当局限于维持法律和秩序，但这样的立场无法被自由之原则证明具有正当性。只有政府的强制性手段需要被严格限制。我们已经（在第十五章中）看到，存在一个不可否认的、广大的非强制性政府活动领域，并且，明显地需要通过税收资助它们。"[2]

哈耶克提出了一个看似有说服力的理由，但问题是，其强制性活动和服务性活动的区分能否站得住脚？这两种活动真的可以区分开来吗？哈耶克将国家职能区分为强制性的和服务性的，是因为在他看来，存在着两种独立的、不同性质或者类型的、可以完全分开的国家活动，一些是需要直接动用强制性手段（暴力手段）才能完成的活动，一些是不需要直接动用强制性手段即可完成的活动，后者就是他所谓的服务性活动，诸如救济穷人等。这种区分的问题在于，一方面，这是建立在对"服务"一词的狭义理解基础之上；另一方面，哈耶克没有看到其所谓服务性职能背后的强制性后盾。

如果我们对"服务"一词进行广义理解的话，可以将国家的所有

---

[1] Hayek, Friedrich A., *The Constitution of Liberty*, Chicago: Henry Regnery Company, 1972, p. 258.

[2] Hayek, Friedrich A., *The Constitution of Liberty*, Chicago: Henry Regnery Company, 1972, p. 257.

职能都理解为服务性的，包括那些需要动用强制手段的活动，因为强制无论如何都不是国家的目的，或者说，不是人们设立国家的目的，其强制性措施总是服务于其他目的。因而，可以说，国家的所有活动都（应）是服务性的。譬如，如果一个人被证实实施了犯罪行为，国家会对他（她）采取强制措施，而这种强制性活动是为了服务于秩序，保护他人的权利和自由。国家的强制机关，诸如军队、警察、监狱等都不是为了强制而存在，而是为了提供安全、秩序以及保护人们的权利和自由之类的服务。从这个意义上讲，哈耶克将国家的职能区分为强制性活动和服务性活动似乎是没有什么价值的。

更加重要的是，哈耶克对国家两种职能的区分没有认识到其所谓服务性活动背后的强制性后盾。毋庸置疑，国家所提供的所有服务都离不开税收的支撑，而征税总是以强制或者暴力作为后盾的。根本而言，国家的每一分钱都来自于纳税人，它是一个税收最大化机器，也是一个最大、最具有浪费性的消费机器。既然如此，国家提供的所有服务，或者说，国家从事的所有活动——不论性质与类型，都是建立在以强制性手段作为后盾的税收基础之上的，都离不开强制。没有税收，没有税收的强制性后盾，国家是无法提供任何服务的。这是国家提供服务与市场、公民社会提供服务的根本性区别之一。就最低收入保障而言，其本质不过是国家强制一些人缴税来保障另一些人的最低收入而已，在国家提供保障的那一刻看似没有强制任何人，而只是向一些人提供了服务——最低收入，但它在提供这种服务之前已经实施了强制或者可能实施强制，迫使另一些人缴纳了税。只要存在这种强制，它便是对个人自由的威胁。这完全符合哈耶克本人对自由的界定和理解。[1]

---

[1] Hayek, Friedrich A., *The Constitution of Liberty*, Chicago: Henry Regnery Company, 1972, pp. 11-21, 133-147.

不能不说，哈耶克对征税权对个人自由的威胁缺乏必要的警惕。公关选择理论的创始人之一布坎南（James M. Buchanan）的研究表明，即使在民主社会里，征税权也很容易被滥用，很容易沦为一些人侵犯另一些人财产权的工具，往往成为个人自由的最大威胁之一。[1] 构建有限政府的关键步骤之一，就是限制国家的征税权，既要防止政府以征税的名义直接侵犯私人财产权，也要防止政府通过多数暴政的方式进行再分配。如果征税权得不到有效制约，私人财产权不会安全，个人自由便无法得到有效保障，因为财产权是个人获得独立、人格、尊严的前提，是个人自由的基石。[2] 马歇尔（John Marshall）大法官曾言："征税的权力包含有毁灭的力量。"[3]

哈耶克难以回答的问题是，如果说国家的服务性职能不会伤害自由，那么，他为何认为福利国家对个人自由有极大的威胁呢？从国家承担服务性职能的角度来讲，福利国家与哈耶克式最低收入保障之间的区别仅仅在于，前者提供更多、范围更广的服务，而后者提供更少、范围更低的服务，既然只有服务多与少的区别，应该都不会对自由构成伤害。然而，奇怪的是，哈耶克认为福利国家对个人自由构成伤害，而最低收入保障则不然。既然都是提供服务，难道提供服务多了会伤害自由，而提供服务少了则对自由无害？还有，如果国家的服务性职能不会伤害自由，那么，哪些服务应该由国家来提供？哪些服务不应该由国家来提供？或者说，国家提供服务的边界在哪里？如果说国家应该提供最低收入保障，为何它不应该提供高于最低收入的保障？为何它不应该提供福利国家所提供的所有服务？哈耶克对强制性职能与服务性职能的区分及其对服务性职能的理解，使其难以回答这些问题。

---

[1] Brennan, Geoffrey and James M. Buchanan, *The Power to Tax: Analytical Foundations of a Fiscal Constitution* (The Collected Works of James M. Buchanan, Vol. 9), Indianapolis, IN: Liberty Fund, 2000.

[2] Pipes, Richard, *Property and Freedom*, New York: Vintage, 1999.

[3] McCulloch v. Maryland, 17 U. S. 316 (1819).

哈耶克论证最低收入保障不会伤害自由的第二个理由是，虽然最低收入保障也在某种意义上构成了收入再分配，但这种再分配和福利国家的再分配有着很大不同，因为前者意味着能够自立的多数同意帮助那些不能自立的少数，而后者意味着多数因少数拥有更多财富而强行抢劫。在《自由宪章》中，他这样写道："当然，即使对那些不能自立的人提供统一的最低收入保障也确实构成了某种程度的收入再分配。但是，在对那些不能在正常发挥作用的市场上赚取收入维持生计者提供这种最低收入保障和旨在于所有较重要职业中确立'公正'报酬的再分配之间，即在一种绝大多数解决温饱的人同意给予那些不能维持生计的人这样的再分配，与大多数人因少数人拥有更多财富因而从其手中抢夺的再分配之间，有着很大的区别。前者保存了非人格化的调整方法（impersonal method of adjustment），人们在其中可以选择他们的职业；而后者则将我们带至一个愈来愈接近人们被当局命令做什么的体制。"[1]

这段话表明，在讨论最低收入保障时，哈耶克有些想当然。显而易见的问题是，他怎么知道，在最低收入保障情况下，绝大多数人自愿同意为那些不能维持生计者提供此种保障？这种同意是如何形成的？经过了什么样的程序？可以假定它天然存在吗？它不需要明确而清晰的表达吗？为何哈耶克认为存在着这种同意？无论是最低收入保障还是福利国家，就财富转移而言，二者在性质上有根本区别吗？为何哈耶克将前者界定为"同意"，而将后者界定为"抢劫"？抢劫一美元与抢劫一百美元在性质上存在根本区别吗？无论如何，都没有理由认为，最低收入保障的提供意味着支付成本者是自愿同意的。"同意"必须建立在特定的程序基础之上，必须是自愿的，必须是当事人明确清晰的意思表示。在一个共同体中，除非一些成员自愿、明确表示愿意为另

---

[1] Hayek, Friedrich A., *The Constitution of Liberty*, Chicago: Henry Regnery Company, 1972, p. 303.

一些人提供最低收入保障，否则，其他任何人都不能假定这样的同意当然存在。至于最低收入保障和福利国家在财富转移性质上的共同性，恐怕哈耶克也很难提出反驳的理由。

值得一提的是，哈耶克式的最低收入保障不是无条件地提供给所有的人，而是要求获得最低收入保障的人必须能够证明自己的需要，证明自己的收入难以维持生计，不能提供此种证明的人，是不能获得最低收入保障的。[1] 问题在于，一个人如何证明自己无法维持生计？如何证明自己没有维持生活的收入？提供工资或者纳税记录？提供存款证明或者银行账单？如何判断以及谁来判断当事人提供的这种证明是真实、可靠的？如果当事人隐藏收入怎么办？如何避免当事人撒谎或者欺诈的道德风险？如果真实可靠的证明要求政府对当事人的生活和家庭进行调查，如何避免侵犯其隐私权和其他权利？还有，如果当事人由于挥霍或者酗酒等行为导致自己不能维持生计，是否同样应该得到最低收入保障？如果他屡次因为挥霍或者酗酒等致使自己无法维持生计，他是否还应该继续得到最低收入保障？如何避免懒汉精神？

其实，哈耶克也意识到了由国家提供最低收入保障所带来的潜在危险，但奇怪的是，他并没有详细讨论这些危险究竟是什么，也没有评估这些危险的危害性到底有多大，是否对个人自由构成严重的威胁等，而是近乎不假思索地认为，这些危险并不构成反对最低收入保障的理由。他这样写道："对于应当保障的准确标准存在一些困难的问题；尤其重要的问题是，那些依赖社会（最低收入保障）的人应否无限期地享有像其他社会成员所享有的一样的全部自由。对这些问题的不谨慎处理，很可能导致严重甚至也许危险的政治难题；但是，毋庸质疑，某种最低限度的、足以维持健康和工作能力的衣食住保障，可

---

[1]　Hayek, Friedrich A., *The Constitution of Liberty*, Chicago: Henry Regnery Company, 1972, p. 303.

以提供给每一个人。"[1]

如果考虑到由国家提供最低收入保障的可行性，这些难题就不应该被淡化处理。比如，就保障的具体标准而言，有没有可能找到一个具有普遍适用性的标准？这样的标准根据什么来确立？这种标准是主观的还是客观的？确立这样的标准是否需要考虑人与人之间的差别、地域之间的差别等？什么样的保障构成"足以维持健康和工作能力的衣食住保障"？举例而言，假设在某个特定的社会里，有的人需要每月 500 美元满足衣食住要求，而有的人则需要 600 美元，还有的人需要 800 美元，该以哪些人的需要为依据来确立保障的标准？由于每个人的生活方式不同，对物质生活的要求也不同，人们很难有共同的看法，也难以找到客观的标准。任何标准都难免是任意的、武断的，反映的不过都是标准制定者的看法，而不是需要保障者的看法。还有，不同的人对"健康"和"工作能力"的判断和看法不同，因而对于什么样的保障能够维持健康和工作能力也就不可能达成一致，在这种情况下，该以哪些人的意见为准？再者，很多自力更生的人——包括大量的富人——可能都是通过健康换来的收入或者财富，他们拼命工作，精神压力巨大，凭什么让他们拿出钱来保障其他人的所谓健康和工作能力？正当性何在？

值得玩味的是，当哈耶克说"那些依赖社会（最低收入保障）的人应否无限期地享有像其他社会成员所享有的一样的全部自由"时，他究竟意味着什么？莫非他是在建议，那些靠最低收入保障过活的人之（部分）自由应当受到限制或者被褫夺？若果真如此，他们的哪些自由应当被限制或者褫夺？是否要对此种限制或者褫夺设定期限？进一步，限制或者褫夺其自由的理由或者依据是什么？一部分人因为享受最低收入保障而丧失（部分）自由，是否意味着最低收入保障与个

[1] Hayek, Friedrich A., *The Road to Serfdom*, Chicago: The University of Chicago Press, 1976, p. 120.

人自由之间存在龃龉？一部分人的（部分）自由的丧失，是否意味着整个社会自由的减少？如果哈耶克主张一些人的（部分）自由因为享受最低收入保障而受到限制或者被褫夺，这无疑意味着他承认最低收入保障和个人自由之间存在冲突，承认个人自由是一个人享受最低收入保障所应付出的代价，而这与他所谓最低收入保障与个人自由相容的看法显然是矛盾的。福利国家的实践也表明，享受政府提供的福利经常要付出牺牲（部分）自由或者权利的代价，比如，享受福利者被迫进行毒品检验、部分隐私公开等。

哈耶克还承认，由国家提供社会保险可能会使竞争多多少少失效，但他仍然认为最低收入保障与个人自由之间是可以相容的。[1] 他没有讨论的问题是，社会保障会在多大程度上导致竞争失效？这种失效对于市场的有效运转是否具有致命性？如果说社会保障致使竞争在相当程度上失效了，市场如何发挥作用？如果市场不能发挥作用，替代它的除了计划和命令之外，还能有什么？哈耶克深谙竞争和市场的重要性，因而才对计划经济的不可行性进行了开创性的批判，指出消除竞争和市场的经济体制必然是一条通往奴役之路。

最后，哈耶克也意识到了由国家提供最低收入保障可能对国际关系和移民的影响，但他没有对此进行分析和讨论。在《通往奴役之路》的一个注释中，他写道："如果仅仅一个国家的公民身份赋予人们比其他国家高的生活水准权利，严重的国际关系问题也将出现，这不应该被轻描淡写地抛至脑后。"[2] 如果一个国家的社会保障水准高于另一个国家，移民将成为一个棘手的问题，由此而带来的公民身份与公民权利问题恐怕不容忽视。譬如，如果一个国家提供了最低收入保障，而另一个国家没有提供，那么，后者的公民就很可能想方设法移入前者，

---

[1]　Hayek, Friedrich A., *The Road to Serfdom*, Chicago: The University of Chicago Press, 1976, p. 121.

[2]　Hayek, Friedrich A., *The Road to Serfdom*, Chicago: The University of Chicago Press, 1976, footnote 1, p. 120.

尤其是对于邻国而言，像墨西哥和美国那样。在这种情况下，应该阻止新的移民还是完全放开移民？如果一些移民是通过合法的方式进入的，他们应否（立即）享受最低收入保障？如果一些移民是通过非法的方式进入的，他们的子女应否（立即）享受最低收入保障？如果完全阻止新的移民，不仅不现实，而且与自由迁徙的理念不符；如果完全放开新的移民，则可能使一国的财政不堪重负。欧美不少福利国家严重的移民问题令那里的政府头疼不已，迄今也并未找到合适的解决办法。

三、古典自由主义者该如何对待社会保障？

对待社会保障或者福利国家的态度，常常是古典自由主义者和其他流派理论家的重大分歧之一。虽然哈耶克支持最低收入保障多多少少有些让人意外，但他并非是唯一一位支持社会保障的古典自由主义者。事实上，弗里德曼（Milton Friedman）、布坎南（James M. Buchanan）、穆雷（Charles Murray）等一流的理论家也赞成某种意义上的社会保障。譬如，弗里德曼提议征收所谓的"负所得税"（negative income tax），即收入达不到一定标准的人不仅不需要交税，而且还可以从政府那里获得一定数额的补贴，以确保所有人的净收入不低于一个底线，从而实现减轻贫困的目的。他认为这样做的好处在于，有助于直接缓解贫困，以现金帮助最有用，具有普遍适用性，成本明确地由整个社会负担，在市场之外运作；虽然它也像所有其他缓解贫困的措施一样会削弱那些获得帮助的人自救的动机，但作为一种补充收入至一定最低限度的制度安排，不会完全根除这种动机。[1]

---

[1] Friedman, Milton, *Capitalism and Freedom*, Chicago: Phoenix Books, 1963, p. 192.

但是，弗里德曼也认识到了其负所得税提议的潜在危险，但他认为没什么好的解决办法。在《资本主义与自由》第十二章中，他这样写道："我提议的负所得税的主要缺陷在于其政治后果。它确立的是一种强制一些人交税来补贴另一些人的制度。很可能，受到补贴的人有投票权。如果不是绝大多数人自愿交税帮助不幸的少数人，它总是有转变为多数人为了自利而强制不情愿的少数人交税的危险。因为这个提议致使一些人交税补贴另一些人的过程如此明确，这种危险也许比其他措施更大。对这个问题，我看没什么解决办法，除非依赖选民的自制和善意。"[1] 并且，他似乎对这种自制和善意还比较乐观。他指出，英国的养老金制度虽然也是用一些人的税收来补贴另一些人，但这并未摧毁英国的自由或者其资本主义制度，相反，还出现了选民自制的迹象。[2] 然而，自弗里德曼写作此书的 20 世纪 60 年代以来，福利国家的演进和困境告诉我们，他过于乐观了。福利国家的现状是，福利只能螺旋式上升，民众都渴望获得更多的福利，一旦福利减少，全国就发生大罢工之类的抗议。

虽然与弗里德曼的提议不同，但另一位获得诺奖的古典自由主义者、公共选择理论的创始人布坎南也认为由民主国家提供普遍性福利（general welfare）并无不妥，只要这种福利是建立在比例制单一税（flat tax）的基础之上，并且政策没有歧视性，福利支付给所有公民。[3] 问题在于，即使是通过单一税提供福利，也带有歧视性，因为一些人交的税多，而另一些人交的税少，还有一些人可能不交税。如果说用这种单一税提供那些必需的公共物品——诸如国防、司法、治安等——是一个没有办法的选择的话，那么用它来提供福利则不可取，

[1] Friedman, Milton, *Capitalism and Freedom*, Chicago: Phoenix Books, 1963, p. 194.

[2] Friedman, Milton, *Capitalism and Freedom*, Chicago: Phoenix Books, 1963, pp. 194-195.

[3] Buchanan, James M., "Can Democracy Promote the General Welfare," *Social Philosophy & Policy* 14, no. 2 (1997): 165-179.

因为它也是一种再分配。

还有，著名古典自由主义学者穆雷（Charles Murray）则提出，为了与福利国家支持者进行妥协，应当赞成由国家给每个人提供最低收入保障（guaranteed minimum income），作为福利国家的替代性选择。[1] 问题是，为何要与福利国家支持者进行妥协？即使牺牲原则也要实现此种妥协吗？而且，最低收入保障真的能替代福利国家吗？其可行性如何？实际上，福利国家支持者大多不满足于当下的福利项目，希望政府提供更多、更好、更全面的福利。由政府来提供最低收入保障的结果很可能是，既没有废除现有的福利项目，又增加了新的福利，结局更加糟糕。

那么，古典自由主义者该如何对待最低收入保障？或者说，古典自由主义者该如何在一般意义上对待社会保障？什么样的态度才与古典自由者力倡的个人自由相容？古典自由主义的核心理念是，人们设立政府的目的是为了保护自己的权利和自由，或者，用洛克的话说，保护自己的财产权。[2] 既然如此，政府的任何行动都应当是为了实现这一目的，所有其他行动都超越了政府的边界，无论是发展经济，还是提供社会保障。任何类型的社会保障都会导致再分配，都会导致一些人侵犯另一些人的财产权，而这根本就违反了设立政府的目的。从这个意义上讲，古典自由主义者应当反对任何类型的社会保障，回到诺齐克（Robert Nozick）主张的"最小国家"（minimal state），将国家的行动严格限制在防止盗窃、抢劫、欺诈以及其他对个人自由和权利的侵害上，只负责提供治安、司法、国防之类的公共物品，其他所有的

---

[1] Murray, Charles, *In Our Hands: A Plan to Replace the Welfare State*, Washington, DC: AEI Press, 2006.

[2] Locke, John, *Two Treatises of Government*, ed. Thomas Cook, New York: Hafner Publishing Company, 1947.

事务都留给市场和公民社会。[1]只有这种最小国家才与古典自由主义相容，才与个人自由相容。

很多古典自由主义者可能认为，这种主张不现实，因为现在的国家已经远远超越了诺齐克意义上的最小国家，承担着很多不应该履行的职能，回归最小国家恐怕没有可行性。其实，这种看法是基于现状不可改变的认识，缺乏对历史的了解，国家现在所提供的社会保障只有100多年的历史，很多福利甚至只是二战之后才出现的。譬如，仅仅一个多世纪以前，美国民主党总统的执政理念与今天的民主党总统还大相径庭。1887年，德克萨斯州几个县因为干旱而颗粒无收，国会起草了《德克萨斯种子法案》，意在对遭受旱灾的农民进行救济，但时任民主党总统克利夫兰（President Grover Cleveland）否决了该法案。在其著名的否决声明中，他重申了美国国父们开创的有限政府理念："我在美国宪法中找不到动用公帑进行救济的理由，我不认为，联邦政府的权力和义务应该扩至对遭受灾害的个人进行救济的情形——这与公共服务或者公共利益没有适当关联。我认为，无视联邦政府权力和义务有限使命的普遍倾向应被坚决抵制，以实现该教训应被时刻牢记的目的——尽管人民供养政府，但政府决不应供养人民。我们总是可以仰赖民众的友爱和慈善来救济其不幸的同胞。这一点是反复且最近刚刚证明过的。这种情况下的联邦资助鼓励人们指望政府的家长式关怀，削弱我们刚毅的国民性，抑制我们民众之间那种互助友善的情感与行动——而这有助于加强手足之情的纽带。"[2]

这段话告诉我们，慈善和救济根本不是政府的职能，而是民间或者公民社会的事务，政府介入不仅没有好处，反而还有坏处。它只需要政府减少税收，藏富于民，民众之间自然会相互帮助、和衷

---

[1] Nozick, Robert, *Anarchy, State, and Utopia*, New York: Basic Books, 1974.

[2] Cleveland, Grover, "Cleveland's Veto of the Texas Seed Bill," in *The Writings and Speeches of Grover Cleveland*, New York: Cassell Publishing Co, 1892, p. 450.

共济。由政府提供救济的假设是，政府比同胞公民更具有爱心，更懂得生活窘迫的人们需要什么。事实上政府里面的每一个公务员都来自社会，都不比社会中的其他成员更具有爱心，因而政府不可能比民间更关爱需要帮助的人。无论在什么样的社会里，一个受难者的邻居在绝大多数情况下都比政府更了解当事人，更知道当事人需要什么。经验也表明，在提供慈善和救济事务上，民间比政府更公开、更透明、更负责。一些国家的民间慈善事业不发达，不是因为那里的人没有爱心，而是因为那里助推民间慈善的制度安排不合理，比如没有结社自由因而不能成立慈善组织，没有税收优惠因而缺乏足够的资金投入等。

简短的结语

无论如何，哈耶克支持最低收入保障的理由都经不起推敲，对最低收入保障与个人自由的论证都缺乏说服力。对最低收入保障所可能带来的诸多挑战和威胁，他要么语焉不详，要么有意无意地回避，要么有很多想当然的成分。就他自己所构建的理论体系而言，就其概念和逻辑的自洽性而言，最低收入保障与个人自由之间的龃龉是显而易见的。作为 20 世纪倡导个人自由的最卓越人物之一，他极力反对福利国家但又支持最低收入保障的看法，是令人费解的，或许是在其面临社会主义和福利国家的汹涌思潮时所做的思想上的妥协。

作为力倡个人自由的古典自由主义者，应当拒绝任何意义上的社会保障，因为这根本不是国家的正当职能。古典自由主义者应当回归诺齐克的"最小国家"，只赋予政府保护个人自由和权利的职能，救济和慈善事务应当留给市场和公民社会。没有理由认为政府比民间更具有爱心，也没有理由相信政府从事慈善比民间更加公开、透明、负责。

为了根除当下的福利国家或者与福利国家支持者进行妥协而支持某种意义上的社会保障（尤其是最低收入保障），不仅放弃了不该放弃的原则，而且牺牲了理论的一致性，无论如何，都是一种不明智的选择。

奥地利学派货币与周期理论

哈耶克商业周期理论及其意蕴

冯兴元*

摘要：奥地利学派的商业周期理论主要涉及第三代代表人物米塞斯的开拓性贡献和第四代代表人物哈耶克的进一步发展。哈耶克也因其在这方面的贡献而荣获 1974 年诺贝尔经济学奖。本文总结和分析了哈耶克的商业周期研究成果，他的反稳定论者方案，他的商业周期理论核心内容，他依据其商业周期理论提出的"反危机"方案，以及哈耶克的理论和方案对"大萧条"和 2008 年全球金融危机成因的解释力。

关键词：米塞斯；哈耶克；商业周期理论；奥地利学派；投资错置；大萧条；全球金融危机

引言

奥地利学派经济学家中，涉足商业周期理论研究者为数不少，其

---

* 冯兴元，中国社会科学院农村发展研究所研究员，中国社会科学院研究生院教授。

中颇具盛名者包括米塞斯、哈耶克、哈伯勒、罗斯巴德和赫·韦·德索托。其实熊彼特至少可称为半个奥派经济学家，他也是非常著名的商业周期理论家。尽管他师从庞巴维克和维塞尔，但很多其他奥地利学派经济学家因为与其世界观和方法论不同而不视他为同道。[1]

奥地利学派第三代代表人物米塞斯于 1912 年就提出了政府过度供应廉价货币导致经济衰退的颇具开拓性的商业周期理论，第四代代表人物哈耶克又对米塞斯商业周期理论做了进一步的、颇具原创性的发展。哈耶克也因其在这方面的贡献而荣获 1974 年诺贝尔经济学奖。本文总结和分析了哈耶克的商业周期研究成果，他的反稳定论者方案，他的商业周期理论核心内容，他依据其商业周期理论提出的"反危机"方案，以及哈耶克的理论和方案对"大萧条"和 2008 年全球金融危机成因的解释力。

一、哈耶克对米塞斯商业周期理论的传承与发展

米塞斯曾经参加过庞巴维克组织的培训班，其商业周期理论就是在培训班中成型。1912 年，米塞斯出版了《货币与流通手段理论》德文版，[2] 该书的英文版出版于 1934 年，改名为 *The Theory of Money and Credit*，即《货币与信用原理》。[3] 该书首次完整地提出了商业周期的货币原因。米塞斯认为，若企图从货币方面展开经济改造，除了通过信

---

[1] 熊彼特 1918 年一度出任考茨基、希法亭等人领导的德国社会民主党"社会化委员会"的顾问。1919 年，他又短期出任由奥托·鲍威尔等人为首的奥地利社会民主党参加组成的奥地利混合内阁的财政部长。他比较倾向于赞同当时奥地利社会民主党的意识形态，迥然不同于一般的奥地利学派经济学家。

[2] Mises, Ludwig von, *Theorie des Geldes und der Umlaufsmittel*, Muenchen und Leipzig: Verlag von Duncker & Humblot, 1912.

[3] Mises, Ludwig von, *The Theory of Money and Credit*, London: Jonathan Cape Ltd, 1934.

用扩张而给予经济活动以人为刺激之外，不会有何重大的成就。而且，此项刺激势必导致危机与恐慌。[1] 他还指出，经济危机的循环发生，乃是政府不顾过去经验教训及经济学家之警告而企图以增加信用方法来刺激经济活动的后果。[2]

1953 年，米塞斯在《货币与信用原理》英文版新版序言中强调："我们今天的通货膨胀，不是上帝所造成。它们是人类自己所造成；或者坦白一点说，乃是政府所造成。它们乃是若干理论的产物；此类理论赋予政府以凭空创造财富以及提高'国民收入'以取悦民众的奇异权力"[3]。米塞斯之所指首先为凯恩斯经济学。他继而指出：蛊惑人心者，即凯恩斯，对经济学所提出的反对通货膨胀与扩张主义理论的一切理由无动于衷，"他选择通货膨胀与信用扩张，尽管他明知其所创造的只是短命的繁荣，最终须以衰退告终。他甚至可以自夸其不顾长期结果为明智之举"[4]。他批评这一蛊惑人心者："他不断地说：在长期，我们都死亡；只有短期值得我们注意。"[5] 这里，凯恩斯的名言"在长期，我们都死亡"出自于 1923 年的《货币改革论》。[6]

如果说米塞斯开拓了奥地利学派分析商业周期的货币原因的理论，而哈耶克则进一步发展和完善了奥地利学派的商业周期理论。哈耶克在 1929 年出版了德文版《货币理论与商业周期》一书，[7] 还发表了一篇有关"储蓄的'悖论'"的德文文章，引起了伦敦政治经济学院罗宾

---

[1] Mises, 1934: 21.

[2] Mises, 1934: 21.

[3] Mises, Ludwig von, *The Theory of Money and Credit*, New Haven: Yale University Press, 1953, p. 9.

[4] Mises, 1953: 9.

[5] Mises, 1953: 9.

[6] Keynes, John M., *A Tract on Monetary Reform*, London: Macmillan and Co., Limited, 1923.

[7] Hayek, Friedrich August, *Geldtheorie und Konjunkturtheorie*, Wien: Hölder-Pichler-Tempski, 1929 (reprint Salzburg: Wolfgang Neugebauer, 1976).

斯教授的注意。[1]1931 年，哈耶克受罗宾斯教授之邀到伦敦政治经济学院做了关于商业周期的系列演讲，当时引起了很大的轰动。演讲的内容在 1931 年集结成书，即英文版《物价与生产》。[2]其中包括了著名的"哈耶克三角"模型，该模型已成为奥地利学派商业周期理论的一个核心模型。哈耶克还在罗宾斯教授的支持下于 1933 年出版了《货币理论与商业周期》英文版。[3]哈耶克在 1937 年又出版了一本小册子《货币民族主义与国际稳定》，[4]在 1939 年出版了《利润、利息和投资：兼论工业波动》一书，[5]又在 1941 年出版了他的《纯粹资本理论》。[6]哈耶克写后者的目的就在于分析产业波动的问题与成因[7]。他试图用新古典经济学的框架重新梳理奥地利学派的资本理论。该书作瞄准的恰恰是凯恩斯《通论》中的最薄弱点，即凯恩斯的资本理论。[8]但在哈耶克写作此书的长达四年的时间里，正值二战如火如荼，由于"大萧条"和战争的进行，主要是文化心态和政局的改变导致人们对凯恩斯经济学及其政策药方趋之若鹜，[9]而不愿问津同时代的其他经济学理论，无论后者是否有更大的说服力。其后，哈耶克因为 1944 年出版《通往奴役之路》而名声大震。[10]不过，其专业经济学家生涯也宣告终结。在专业经济学圈内和公众心目中，哈耶克摇身一变为通俗政治思想家。

[1] Hayek, Friedrich A., "Gibt es einen 'Widersinn des Sparens'?" *Zeitschrift für Nationalökonomie* 1, no. 3 (1929); English translation, "The 'Paradox' of Saving," *Economica* (May 1931).

[2] Hayek, Friedrich A., *Prices and Production*, London: George Routledge and Sons, 1931.

[3] Hayek, Friedrich A., *Monetary Theory and the Business Cycle*, London: Jonathon Cape, 1933.

[4] Hayek, F. A., *Monetary Nationalism and Institutional Stability*, London: Longmans, Green, 1937.

[5] Hayek, Friedrich A. von, *Profits, Interest and Investments*, London: Roudledge and Sons Ltd, 1939.

[6] Hayek, Friedrich A., *The Pure Theory of Capital*, London: Macmillan, 1941.

[7] Hayek, 1941: ibid., preface, v.

[8] Kresge, Stephen, (1994) "preface," in Hayek, Friedrich. A., *Hayek on Hayek: An autobiographical dialogue*, ed. Stephen Kresge and Leif Wenar, London: Routledge, 1994, p. 10.

[9] Kresge, 1994: ibid., p. 10.

[10] 弗里德里希·奥古斯特·哈耶克著，王明毅、冯兴元等译：《通往奴役之路》，北京：中国社会科学出版社，1997 年。

因为米塞斯和哈耶克的巨大贡献，奥地利学派的商业周期理论称为"米塞斯—哈耶克商业周期理论"，其正式模型称为"米塞斯—哈耶克商业周期模型"。[1]哈耶克正是由于这一理论而于1974年获得了诺贝尔经济学奖。很显然，哈耶克之所以能够获奖，与米塞斯的功劳密不可分。遗憾的是，米塞斯在哈耶克获奖前一年去世，从而未能见到这一天。

二、反对稳定论者的方案

纵观哈耶克截至1941年有关货币、资本、生产结构和周期的著述，其脉络清晰可辨，哈耶克的矛头一直指向凯恩斯的理论。

凯恩斯就是一位稳定论者。他的商业周期理论是其凯恩斯经济学的内在组成部分。其根基见于凯恩斯1936年出版的《就业、利息与货币通论》[2]，甚至更早。凯恩斯认为，商业周期的主要形成原因与资本边际效率的变动有关。[3]资本边际效率降低，是经济衰退的主要原因。根据凯恩斯，"资本边际效率不仅取决于现有的资本品的充裕或者稀缺，以及资本品的现实生产成本，而且还取决于对资本品未来收益的现时预期"，[4]经济繁荣的后期"是以对资本品未来收益的强烈的乐观预期为特征，这种乐观预期的强烈程度足以置资本品日益膨胀充裕、

[1] Garrison, Roger, "Overconsumption and forced saving in the Mises-Hayek theory of the business cycle," *History of Political Economy* 36, no. 2 (2004): 323-349.

[2] Keynes, J. M., *The General Theory of Employment, Interest and Money*, London: Macmillan and Co. Limited, 1936.

[3] 约翰·梅纳德·凯恩斯著，魏埙译：《就业、利息和货币通论》，西安：陕西人民出版社，2006年，第295页。

[4] 凯恩斯，2006：第297页。

资本品生产成本日益提高、利息率上升等于不顾",[1]而"当幻灭降临过度乐观和过度购买的市场时,投资量就会突然甚至灾难性地下降"。[2]凯恩斯认为,"对危机的最典型的而且往往是有力的解释,是它基本上不是起因于利息率的上升,而是起因于资本边际效率的突然崩溃"。[3]他推断,经济萧条延续一段时间之后,利息率降低不能遏制萧条。[4]只有在存货减少完了,较大的复苏才算完成了准备工作。[5]在经济繁荣后期,为了对付"过度投资"造成的问题,他认为需要采取果断步骤,用收入再分配以及其他办法来刺激消费倾向。[6]这里,凯恩斯限定"过度投资"概念是指在充分就业条件下,没有一种资本品能够取得超过其重置成本的收益。[7]凯恩斯不同意在经济繁荣后期通过提高利息率对付一直由于长期不正常的大量投资所引起的事态问题,认为这样做无异于用杀死人的办法给人治病。他主张,在繁荣时期,应采取双管齐下的办法:一方面设法由社会 [即由政府] 控制投资量,以降低资本边际效率;同时,支持增加消费倾向的各种政策。[8]凯恩斯强调:"我们不能把决定现实投资量的职责安全可靠地放在私人手中"。[9]

显然,凯恩斯有关由社会(也就是由国家)控制投资量是其宏观经济理论的核心,也用来对付商业周期波动问题。他认为,商品总需求的减少,即有效需求不足,在这种情况下,政府需要扩大有效需求,充分利用经济中的潜在生产能力,实现充分就业和繁荣。其核心手段是增加公共投资。

---

[1] 凯恩斯,2006;第 297 页。
[2] 凯恩斯,2006;第 297—298 页。
[3] 凯恩斯,2006;第 297 页。
[4] 凯恩斯,2006;第 301 页。
[5] 凯恩斯,2006;第 311 页。
[6] 凯恩斯,2006;第 302 页。
[7] 凯恩斯,2006;第 302 页。
[8] 凯恩斯,2006;第 306 页。
[9] 凯恩斯,2006;第 301 页。

后来的凯恩斯主义经济学虽然有别于凯恩斯经济学本身，但是与凯恩斯自身理论和见解的武装和怂恿分不开。凯恩斯理论为便利政府利用宏观经济政策大肆干预经济开启了大门。凯恩斯主义经济学一般强调，政府应该相机抉择，实行"需求管理"，在衰退或萧条时期通过扩张性货币政策和扩张性财政政策拉动总需求；在高涨或繁荣时期则进行反向操作。不过凯恩斯本人对维持繁荣所开的药方是采取低利率政策："可见，医治繁荣之法不是高利息率，而是低利息率。因为低利息率可以使所谓的繁荣继续下去。正确的医治经济周期之法，不是取消繁荣，这会使我们永远处于半萧条状态；而是除掉萧条，使我们永远处于准繁荣状态"[1]。凯恩斯的商业周期理论总体上是一种周期内生论，萧条的到来与系统内资本边际效率降低有关。该理论认为，需要政府作为外生力量拉动需求，恢复系统内的资本边际效率，由此回归繁荣。

与凯恩斯的商业周期理论不同，米塞斯和哈耶克的商业周期理论在某种程度上是一种周期外生论，认为经济危机是由货币利率低于均衡利率所引起的信用货币扩张的结果。这里，银行的货币供应量的扩张就成为导致经济危机的决定性因素。[2] 但是如果银行货币供应量的扩张是政府注入大量廉价货币的结果，那么经济危机就是外生的了。

哈耶克在 1933 年英文版《货币理论与经济周期》一书序言中提道："我尤其尝试了反驳某些特定的理论，它们导致人们坚信通过稳定一般物价水平，所有对经济周期产生扰动的货币原因会被消除。"[3] 他承认，对"稳定论者"方案的批评在很大程度上属于该书的中心论题。[4] 他指出："但是无论我们的未来希望是什么，当前我们必须痛苦地

[1] 凯恩斯，2006：第 303 页。

[2] 滕维藻、朱宗风："译者序"，1958 年，载海约克 [哈耶克] 著，滕维藻、朱宗风译：《物价与生产》，上海：上海人民出版社，1958 年，第 7 页。

[3] Hayek, 1933: 16.

[4] Hayek, 1933: 16-17.

意识到一件事情……就是，我们知晓我们试图通过精心管理对之加以影响的力量，确实微不足道，以至于我们对于以下问题必定存疑：如果我们知晓更多，是否会继续去这么尝试。"[1]在《物价与生产》1935年英文增订第二版一书序言中，哈耶克就指出："如果货币理论仍然试图在种种总量之间或各种平均数之间建立因果关系，这就表明货币理论落后于一般经济学的发展"，而且，"事实上，无论各种总量之间或各种平均数之间，都不能相互起作用，也不可能在它们之间建立必然的因果关系。按照经济理论的本质来看，平均数根本不能构成理论推理的一个环节"[2]。

尽管哈耶克撰写这一系列有关货币、生产结构、资本结构和周期的理论著作像吃力不讨好的事情，但是哈耶克对凯恩斯和类凯恩斯的批评观点其实是强有力的，只不过他的理论过于复杂，不如凯恩斯的简单明了。前者与米塞斯一样，强调市场自我调适的能力，而后者有着明确的政策清单。前者使得想要插手经济的政府官员失业，后者则便于政府官员仿效执行。因此，对于长远取向的战略家而言，哈耶克的理论优于凯恩斯。对于重视短期操作和选举政治的官员来说，凯恩斯的理论是一种饮鸩止渴的救命药。人们对凯恩斯的上述名言"在长期，我们都死亡"的含义虽然存有不同理解，但是其关注短期操作的核心含义是雷打不动的，其政策意蕴则多种多样，也最会打动操纵经济政策的西方政治家，这是因为他们都是有任期限制的，都需要短期操作。如果经济萧条，失业严重，政治家会丢失选票。

---

[1] Hayek, 1933: 23.

[2] 海约克 [哈耶克] 著，滕维藻、朱宗风译：《物价与生产》，上海：上海人民出版社，1958 年，第 13 页。此书译自英文 1935 年英文增订第二版，见 Hayek, F. A., *Prices and Production*, London: George Routledge & Sons, Ltd, 1935。

三、哈耶克商业周期理论的核心内容

哈耶克的商业周期理论主要集中在《货币理论与商业周期》和《物价与生产》两部著作中。哈耶克自己认为，《货币理论与商业周期》一书主要是从周期波动出发分析经济周期的货币成因，而《物价与生产》一书主要强调构成那些波动的真实生产结构的持续变化。因此，后者是对其商业周期理论的一种根本性的补充。[1]

哈耶克经济周期理论认为，市场经济国家经济危机的原因是由于政府货币供应量过多最终导致从生产者财货到消费者财货生产环节相对价格扭曲，生产者根据错误的消费者财货市场景气信号大幅拉长生产过程，导致大量发生生产者财货投资错置，即在远离消费者财货生产环节的更高价财货生产环节集中来大量的错置投资。他认为市场经济体中货币因素是促使生产结构失调的决定性原因。其中生产者财货是指"任何时候现存财货中不属于消费者财货的一切财货，也就是直接或间接用于生产消费者财货的一切财货，所以它包括原始生产资料，也包括机器和各种半成品"。[2]

在《货币理论与商业周期》一书中，哈耶克对各国中央银行对付大萧条的政策提出了警告："通过强行（forced）信贷扩张的方法而与萧条作斗争，就是试图通过采取恰恰导致一场恶果的同样手段来祛除恶果。因为我们正在蒙受着错误定向（misdirection）生产之苦，我们就想进一步制造这种错误——这样一种程序，一旦信贷扩张停止，必将导致更为严重的危机"。[3] 也就是说，他认为强行推行信贷扩张的政策属于一种饮鸩止渴的做法。他认为，经济危机不是因为始于货币当局着意安排的通货紧缩行动，通货紧缩是一种次级现象，不是经济高

---

[1] Hayek, 1933: 17.

[2] 海约克 [哈耶克]，1958：第 36 页。

[3] Hayek, 1933: 21-22.

涨期后产业错误调整引致的一种过程。由此他进一步指出：通货紧缩不是一个产业不赢利的原因，而是结果；指望逆转通货紧缩过程来重新获致长久繁荣，肯定会落空。[1]

要理解哈耶克的经济周期理论，首先要理解门格尔的财货理论和庞巴维克的"迂回生产"理论。门格尔的财货理论区分"低阶财货"和"高阶财货"。[2] 门格尔定义了不同阶次的财货。他对所有经济活动及其产物根据其与满足个人主观需求的关系进行分类：越是直接的需求，就越低阶，比如利息、地租、工资和消费品等等；越是间接的需求，就越高阶，比如矿产、能源等原材料。根据门格尔的财货理论，可把直接满足我们欲望所必需的财货称为一阶财货，如面包；可把生产一阶财货的财货称为二阶财货，如生产面包的面粉、燃料、盐以及设备、工具和制作面包的熟练劳动力；可把生产二阶财货的财货称为三阶财货，如生产面粉的磨坊、小麦、黑麦，以及制作面粉的劳动力等；可把生产三阶财货的财货称为四阶财货，比如耕地、耕地所需工具设备和农民的劳动力等。依此类推。

根据庞巴维克提出的"迂回生产"（"roundabout" production）理论，迂回生产就是先生产所谓生产者财货，然后用这些生产者财货去生产消费品，这更有利于提高劳动生产率。[3] 哈耶克把它称为从任何一个资本化程度较低的生产形式转变到一个资本化程度较高的生产形式的过程。[4] 庞巴维克认为，现代生产的特点就在于迂回生产，迂回生产的实现就必须有资本。生产者财货的生产涉及的生产阶段繁多、长短不一，迂回生产增加了生产者财货的生产涉及的生产阶段数量，以此拉长了原来从高阶财货到低阶财货的整个生产过程。也就是说，与

---

[1] Hayek, 1933: 25.

[2] Menger, Carl, *Grundsätze der Volkswirthschaftslehre*, Wien: W. Braumüller, 1871.

[3] Böhm-Bawerk, E., *Positive Theory of Capital*, trans. W. Smart, New York: Stechert, 1889.

[4] 海约克［哈耶克］, 1958：第 86 页。

不包含生产那些生产者财货、只利用简单工具的最终消费者财货生产相比，或者与只包含生产更简单生产者财货的最终消费者财货生产相比，整个生产过程的阶段增加，从而形成一种"迂回生产"。"迂回生产"涉及生产多个级次高阶财货的阶段。除了需要有制造商品的工厂，还需要有其余各类工厂，包括制造组装生产产品的零件、制造能生产产品或产品零部件的机器。可见，迂回生产背后是分工的深化。而且，每个生产那些消费者财货之前的各个环节，生产者财货并非杂乱堆积，否则未必能够增加最终产出。对生产每种生产者财货的投资，如果要想能够提高最终消费者财货产出，就必须适应和指向最终消费阶段，由此形成完整的资本结构。这种对资本的异质性、结构性和指向性的洞见也是凯恩斯理论里所缺乏的。

为了分析货币因素对商业周期的影响，哈耶克利用门格尔的上述财货理论和庞巴维克的迂回生产理论，构建了著名的"哈耶克三角"（图1）。按此，可把总的生产过程的某一时期内所完成的那部分过程

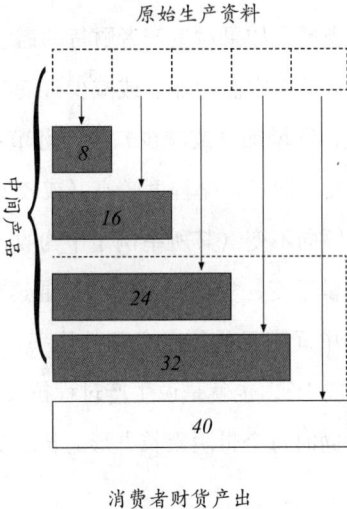

图 1　哈耶克三角示意图
资料来源: Hayek（2008: 233）。

视为一个单独的生产阶段。这样可以得到数个生产阶段，可用图中带有阴影的长方块表示。每一方块表示该生产阶段正转向下一阶段时的原始生产资料的价值量，而各小块的长度之差，恰好与下一阶段中所使用的原始生产资料的价值量相符。底端的白色长方块，代表这一时期的消费者财货的价值。哈耶克指出，在一个静态社会中，这种消费者财货的产出价值必然等于所用生产要素取得的收入总额，而且这些要素提供者用这些收入换取这些消费者财货。

比如图中白色长方块面积与带有阴影的长方块的总面积之比为40:80，即1:2，代表有关时期消费者财货与中间产品产出之比，或者是消费量与新增和更新投资两者之和的比例。[1]任何时候，为了不断得到某一价值量的消费者财货所必需的中间产品价值量（即阴影部分构成的三角形面积）和消费者财货的价值量之间的比例，是和迂回生产过程的长度成正比的。[2]哈耶克还指出，除了自上而下的财货流之外，还存在货币流，是从下而上流动的。消费者支付了消费者财货，接近消费环节的生产者获得收入之后，向提供其中间产品和原始生产资料者进行支付，依此类推。如果对生产者财货的需求总量（以货币表示）相对于对消费者财货的需求而增加（或减少），就会拉长（或缩短）中间产品的生产过程，即增加（或减少）生产环节（即图中带阴影的长方块）数量，由此发生向资本化程度较高（或较低）的生产方法过渡。哈耶克在假定储蓄倾向不变（其所举例子中为收入的25%用于储蓄），投入量的货币价值量不变，货币流通量和流通速度不变，那么对消费品货物的需求和对中间产品的需求之间的比率，最后就由40:80变成30:90，即从1:2变成1:3，也就是说生产过程拉长，即带阴影的长方形数量增加（图2），同时每个带阴影长方形的长度变短。

---

[1] 海约克［哈耶克］，1958：第42页。
[2] 海约克［哈耶克］，1958：第89页。

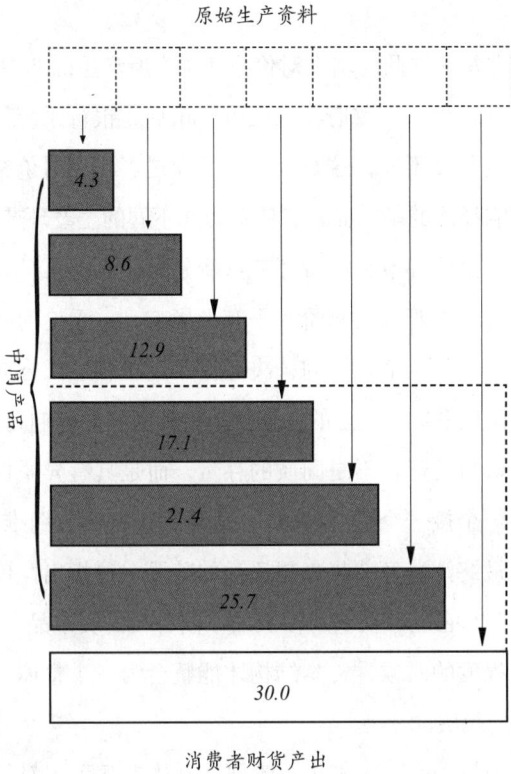

图 2　生成过程延长之后的哈耶克三角

资料来源: Hayek（2008: 239）。

哈耶克的分析结论是，随着生产环节增加和生产过程拉长，在一个时期内用于消费者财货的货币支出（底部白色长方形标示部分）减少，作为对使用生产要素的支付而获得的货币收入也降低。总价值量保持不变（不考虑资本增加）的生产要素的单位价格将以同等比例降低，消费者财货的单位价格由于引入更为资本主义化生产方式的结果而以更大的比例下降。哈耶克进而总结说，随着生产过程的拉长，用于晚期生产各个阶段的货币额也减少了，而用于早期生产阶段的货币额增加了，用于中间产品的货币总额也因为添加了新的生产阶段而有所增加。[1]

哈耶克非常关注政府增发对价格和生产所产生的非中性影响问题。根据哈耶克的理论，在政府注入廉价货币后，银行系统信用扩张对不同商品的影响程度不同，这是因为货币通过影响相对价格和生产的时间结构来影响经济的基本面，它使资源在不同的生产环节上重新分配，也使得资源在生产环节和消费环节重新分配。他指出："几乎货币数量的任何变动——不管它对物价水平有无影响——无论何时必定会影响到相对价格。并且，毫无疑问，决定生产数量和生产方向的，乃是相对价格，因而几乎货币数量的任何变动也都必然要影响到生产"[2]。

哈耶克认为，资本不是同质的存量，而是具有异质性。生产过程应该被视为一个接一个的"阶段"，从最终消费环节倒推，环环相扣，一直到距离最终消费环节越来越遥远的阶段。他指出，价格的根本作用在于，只有在它能够反映所涉及的不同种类的资本品（不断变动的）的相对稀缺程度的时候，资本结构才能整合为一个整体，才能显示出那部分扭曲的投资。

在《物价与生产》一书中，哈耶克具体考察了相对价格和生产结构的变化，说明为什么在人为的繁荣之后不可避免地出现衰退。从上述这种假定的均衡状态出发，哈耶克分析了利率变动和信用扩张或者收缩如何影响消费者财货和生产者财货的相对需求和生产结构。[3]

哈耶克认为，经济危机是由于利率变动所引起的信用货币膨胀的结果，这种利率变动是指货币利率低于"自然利率"，也就是均衡利率，而该利率对应于一种假定的均衡状态，即一切生产后备力量已经完全利用的状态。于是货币供应量的扩张成为导致危机的决定性因

[1] Hayek, 2008: 240.

[2] 海约克［哈耶克］, 1958：第30页。

[3] 滕维藻、朱宗风："译者序"，1958年，载海约克［哈耶克］著，滕维藻、朱宗风译：《物价与生产》，上海：上海人民出版社，1958年，第8页。

素。[1] 按照哈耶克的观点，危机的发生直接是由于所谓生产结构所含生产过程的减缩。哈耶克区分了三种情形：[2]

第一，"自愿储蓄"情形：当由"自愿储蓄"引起生产过程的延长时，生产和消费可以达到均衡。这里，"自愿储蓄"是指消费者根据其储蓄习惯自愿做出的储蓄。如果其改变了消费和储蓄习惯，希望消费其收入中的较少的部分，也就增加了其"自愿储蓄"。[3]

第二，"强制储蓄"情形：当由于政府增加货币供给量而导致发生所谓"强制储蓄"现象时，生产和消费不可以达成均衡，它会导致生产过程的延长，但这一延长的生产过程不能长久维持。哈耶克假设生产资源没有闲置。在经济扩张阶段，生产者对于投资资金的需求将超过储蓄，会利用银行膨胀的信用，扩大生产者财货的生产。这是因为，政府增发货币导致由银行体系派生的信用扩张，从而导致市场利率下降，直至低于自然利率即均衡利率。企业在这个虚假繁荣信息的误导下，重新配置资源，扩大投资，从而拉长生产过程，生产的迂回程度增大。这样，原始生产资料的投入重心从消费转移到投资。假设消费者的消费偏好没有改变，企业对更进一步迂回生产的盈利性就会形成错误预期，其投资也成为错置投资。这种企业投资会脱离消费，不能长期维续。

这里，"强制储蓄"现象是指"由提供附加的信贷引起的以消费为代价的资本创造现象，在其中消费者个人减少消费是不自愿的，而且也没有从中获取任何直接好处"。[4] "强制储蓄"涉及消费者的储蓄习惯保持不变情况下银行信用扩张的情况。货币供给的增加将导致货币价

---

[1] 滕维藻等，1958：第7—8页。

[2] 比较滕维藻等，1958：第8页。

[3] 王军：《现代奥地利学派经济学研究》，北京：经济科学出版社，2004年，第136页。

[4] Hayek, F. A., *Monetary Theory and Trade Cycle*, In Hayek, F. A., *Prices and Production and Other Works*, Auburn, Alabama: Ludwig von Mises Institute, 2008, p. 118.

格即利率的降低。假定银行只对生产者扩张信贷，而不考虑消费者信贷，那么贷款利率的降低使得原先无利可图的投资项目得以实施，由此导致利润空间扩大，但也导致生产者财货价格上升，由此强化新的投资投向远离消费者的生产阶段的趋势。而且生产者掌握货币的增加使得他们能够满足更多对原始生产资料的需求，这样他们就可以获得那些原先处于较为接近消费环节的原始生产资料。[1] 但是既生产消费品又生产中间产品的生产者必须压缩生产。这是因为消费者鉴于消费和储蓄习惯没有变化而对其产品的需求并没有下降，但是这些生产者的利润水平受到挤压，因为鉴于其面临来自距离消费环节更远的更高价财货环节生产者的竞争，其原始生产资料和上游中间产品成本提高。[2] 而且，消费品生产数量的降低，导致消费者不能够消费他们以前所消费的数量，也就不会支出其收入中的相同部分。这样，消费者的储蓄就会增加，而这种储蓄并非消费者自身所愿，因而被称为"强制储蓄"。[3]

第三，增发的货币经过信用扩张，由生产者转手成为民众的货币收入的情形。增发货币经过银行的信用扩张，流向生产者，又转手生产者，作为要素投入的回报成为民众的货币收入，会在消费恢复到正常比例之后导致消费者财货价格上涨，[4] 这又会导致更多原始生产资料又转用于生产消费者财货。之所以消费者财货价格会上涨，是因为此前生产者财货从某些生产阶段被撤出来使用于较高阶段，生产者用那

---

[1] 海约克 [哈耶克]，1958：第 65 页；王军，2004：第 137 页。

[2] 王军，2004：第 137—138 页。

[3] 王军，2004：第 137—138 页。凯恩斯在《通论》中以一定的篇幅讨论了"强制储蓄"这一术语，但并没有在哈耶克的上述理解意义上反驳"强制储蓄"论，从而与"强制储蓄"论者错过。见凯恩斯，2006：第 74—76 页。

[4] 所谓合适的比例，属于"由个人自愿的决定所形成的比例"。可参见哈耶克的如下解释："为了获得健康状态所需要的那些东西，结果尽快和完全使用与消费者财货与生产者财货之间的、与自愿储蓄和自愿消费来决定的需求的比例。"参见海约克 [哈耶克]，1958：第 79 页。

些被撤离阶段的减少了的生产者财货制成消费者财货，导致消费者财货的生产量降低，这些财货的价格就会上升。[1] 而且消费者财货的涨价速度要高于生产者财货。但是这一局面不可长期维续。如果银行维持信用扩张，这会推动消费者财货和生产者财货的价格进一步上升，而且后者快于前者。这里还要考虑："如果对消费者产品 [财货] 需求的增加没有被银行给生产者新的放款按比例地进一步投入货币所抵消的话，那末，所有这一切就必定意味着回复到较短的或迂回较少的生产方法中去。"[2] 一旦信用扩张被迫中止，就会爆发危机。这时会出现两种情况：一是高涨阶段利用银行信用正在进行的生产者财货投资，由于缺乏资金而萎缩或中止；二是已生产出来的生产者财货，由于其他生产者缺乏资金而销路不好，价格猛跌。[3]

在第三种情形中，随着生产过程的延长，企业相对于消费者而言占用了大量的资源，消费者财货的价格上升，而消费者需要维持既有的消费水平，这要求企业重新调整生产的时间结构，缩短生产过程，即减少生产的迂回程度，回到缩短的、更直接的生产过程。原本在政府的货币扩张导致的"强制储蓄"时期有利可图的投资，在这时就变得无利可图，大量企业可能破产，经济危机就由此出现。

四、哈耶克的"反危机"方案

正因为如此，哈耶克的"反危机"方案其实就是反政府干预方案：一是主张降低工资，也就是劳动力市场的灵活化。[4] 其实，在危机时

---

[1]　海约克 [哈耶克]，1958：第 72 页。

[2]　海约克 [哈耶克]，1958：第 73 页。

[3]　海约克 [哈耶克]，1958：第 75 页。

[4]　滕维藻等，1958：第 8 页。

期，通货紧缩使得实际工资提升，由市场主体本着契约自由的原则降低名义工资是一项明智选择，有助于整个经济结束危机状态，恢复增长。要实现这一点，首先要求劳动力市场的灵活化。这里可以看出哈耶克的观点。二是推行"中性货币"，主张生产量和贸易量的增加不能成为增加货币供应量的理由，不主张用增加货币供应量的方法作为反萧条的手段，认为货币供应量的任何变动，应以保持中性货币为限。[1]而且哈耶克认为，即便发生经济危机，随着物价下跌和通缩发生，这个局势会自动改变储蓄率的下降趋势，民众会增加储蓄，从而经济恢复和增加资本供给，可以自然走向复苏。这说明，危机之后的复苏过程无须国家干预，市场有着自我调适的能力。

哈耶克的中性货币的条件是比较严格的："只有在下述三个条件下才能避免由货币影响引起的相对价格的失衡和生产方向的误导：第一，货币总流量保持不变；第二，一切价格都是完全伸缩自如的；第三，一切长期契约都是根据对未来价格运动的正确预测。"[2] 但是，很多国家的劳动力市场僵化，对市场的管制也较多，这会严重影响实现"中性货币"。对于第一个条件，哈耶克的看法为："当货币数量保持不变而生产增加时，必然引起物价随生产力之增加而相应地下跌，这种情况，我宁认为不但完全没有害处，而且在事实上是避免错误的引导生产方向的唯一方法"。[3] 哈耶克特别指出："如果不具备第二个和第三个条件，通过任何货币政策也不能实现上述目标"。[4]

显然，根据哈耶克的中性货币理论，货币数量变动后，不管一般物价水平是否变化，只要各种商品相对价格发生变化，就会对生产结构产生影响。货币中性是达致经济均衡的条件，货币失去中性就会扰

---

[1] 滕维藻等，1958：第 8 页。

[2] 海约克［哈耶克］，1958：第 105 页。

[3] 海约克［哈耶克］，1958：第 86 页。

[4] 海约克［哈耶克］，1958：第 105 页。

乱经济，甚至引发危机。只要货币能保持中性，就不会影响经济自动均衡的机制，而且有利于经济发展。[1] 因此，应该消除货币对经济的影响，保持货币的中立性，让市场机制在不受货币因素的干扰下正常工作。哈耶克认为，如果在货币失去中立性时企图避免经济危机，政府只有采取办法不断地增加货币供应量，依靠加速的通货膨胀，持续地扩大银行信用来提供资本并增加投资，维持"强制储蓄"状况下的经济均衡。但货币信用的膨胀不可能是无止境的，货币供应量的增加和信用的扩大，到一定程度后必然会终止。从哈耶克的建议可见，他与凯恩斯的建议是针锋相对的。凯恩斯认为，工人存在偏好增加名义工资的倾向，存在工资刚性，难以压低工资。而且正如上文所述，他主张无论是在繁荣期还是在萧条期，均拟采取低息政策，即信用扩张政策。其意蕴是通过某种低水平的通胀来平衡工人名义工资的上升。[2]

在民主社会中，哈耶克商业周期理论和其所提出的对策会使得政治家和选民两者均感到不爽。选民会不喜欢降低自己的工资，同时喜欢要求政治家对经济危机问题作出应对，而政治家则急于出台相应的具体政策，以显示自己的能力。政府出台的政策可能是发行货币或者举债救援濒临倒闭的银行或者企业，通过"量化宽松"向企业的资本品持续生产注资，其逻辑就是哈耶克上面提到的"试图通过采取恰恰导致一场恶果的同样手段来祛除恶果"，其结果是导致危机程度增加，延缓了经济恢复到平衡的过程，推迟了市场利率回归自然利率的过程。至于政府举债扩大公共投资，则进一步提高政府的负债规模和水平，不能维续经济的稳定，往往是推迟危机的爆发，延缓生产结构的重新调整，但一旦爆发危机，其程度会增加。

---

[1]　海约克 [哈耶克]，1958。
[2]　Keynes, J. M., 1936.

五、哈耶克商业周期理论的解释力量

值得注意的是，哈耶克的商业周期理论，其出发点是所有资源得到充分利用这一假设前提。这种假设是为了方便整个论证。尤其是需要用模型和数据来演示的时候，更需要这种假设。但是，即便放开一点这种假设，其实哈耶克的推论过程和结论也是基本可用的。它们基本上可以解释大萧条的成因，也能解释 2008 年美国次贷危机引发全球金融危机的过程。完全可以把这种经济危机过程称作为"哈耶克过程"。至于政府应对措施的可能负面结果，完全可以从美国、欧盟、日本和中国的救市故事中得到印证。

哈耶克认为，在 1929 年爆发的"大萧条"时期，西方国家，尤其是美国的中央银行付出各种前所未有的早期努力和更为广泛的后期努力，采取信贷扩张政策与萧条作斗争，其结果是萧条持续时间被延长，而且其程度远比过去的经济危机要严重。[1] 他指出，我们需要的是重新调整那些在通货紧缩开始前业已存在的、使得产业接入资金投资不再赢利的生产结构和价格结构因素。[2] 他批评说："但是，政府并没有促进……对经济高涨所带来的错误调整进行必不可少的清理，而是采取了所有种种为人所知的措施以避免发生重新调整；而且其中一种措施从萧条发生的早期到近期被反复尝试，却不成功，而这就是这种着意推行的信贷扩张政策"。[3] 哈耶克认为，1929 年之前现代市场体制中滋生出许多体制刚性使得重新调整过程变得更为缓慢和更为痛苦，可能恰恰是这些对重新调整的抵制因素造成了一种严重的通货紧缩过程，该过程本会最终克服那些刚性。[4]

---

[1]　Hayek, 1933: 20.

[2]　Hayek, 1933: 20.

[3]　Hayek, 1933: 20.

[4]　Hayek, 1933: 20-21.

至于 2008 年次贷危机爆发后美国经济的缓慢复苏，其表面上是政府救市的结果，实质则是市场的自动调适过程发生作用，而政府的救市反而主要是延缓了这一复苏过程而已。

　　哈耶克针对"大萧条"的一番话，其实仍然适用于 2008 年以来的全球金融危机："我们必须牢记，在过去 6 到 8 年，全球货币政策奉行稳定论者的建议。他们的影响已经造成了足够的损害。是该打消（overthrown）这些影响的时候了"。[1]

北京颐源居，2015 年 8 月 2 日

---

[1]　Hayek, 1933: 22.

企业家精神理论

创业家精神，作为建构完整动态理论的假设

黄春兴*

摘要：经济学无法仅从自利假设建构出动态理论，需要另一项能随时挑战决策环境并付诸行动的假设，而这就是奥派的创业家精神。创业家精神是米塞斯理论的核心，遗憾的是，他并未发展出完整的动态理论。本文的贡献是，若依循米塞斯（Mises）的观点，视创业家精神为行动人的功能而非真实创业家的能力，让消费者担任文化演化论的追随者的角度，同时也让他们可以转身变成创业家，就可以建构出完整的动态理论。

关键词：自利假设；创业家精神；演化论；动态理论

一、前言

经济学的均衡理论假设个人行为以自利为动机，以利润（含效用）的极大化为决策标准，建构出可操作的分析模型，去理解、预测和影

---

* 黄春兴，台湾清华大学经济学系教授。

响经济现象。但自上世纪末以来，全球的新竞争情势压迫各国厂商追求持续创新，该理论的适应性逐渐遭到质疑。[1] 当创新转为活跃时，传统上假设为不变或缓慢地随所得和消费变化的商品结构、生产结构、价格结构等都出现密集和巨幅的变动。也因此，诚如罗默（Romer 2015）的诉说，建立在均衡理论的经济成长理论"在过去 20 年来并未获得任何科学上的进展已成共识"。[2]

均衡理论的困境让我们想到一句在奥地利经济学派（以下简称"奥派"）圈内甚为流行的话：一百年来，每一次经济学理论的重要进步都是来自对主观主义的进一步应用。[3] 本文认为，均衡理论已丰硕地完成了静态分析的发展，唯有进一步纳入主观的创业家精神才可能踏入（真正的）动态理论的范畴。虽然创业家精神是奥派的核心概念，但他们也尚未成功地发展出完整的动态理论。论其因，除了学者在阐释该概念时的不一致外，或许更该归因于这些论述将行动人的功能假设的创业家精神与市场过程的实际创业家的能力混为一谈。[4] 本文试图提出以创业家精神建构完整动态理论的一种可能途径，不论是放在奥派典范或是新古典学派的典范之内。

本文架构安排如下：除作为前言的本节外，第二节将回顾均衡理论从静态分析到动态分析的发展及面临的难题问题，第三节讨论奥派学者在论述创业家精神上所遇到的局限，第四节将从文化演化论视野去建构完整的动态理论。第五节为本文结论。

---

[1] 最近的冲击是 2008 年以来接连爆发的金融海啸、南欧国债危机，和各国的严重贫富差距。

[2] Romer, 2015: 89.

[3] Hayek, 1952: 31.

[4] 冈宁（Gunning 1991, 1997）最早指出奥派学者常会混淆这两个概念。

二、均衡分析下的动态理论

经济学展望人类社会的未来运作，而非记录过去或现在的运作。若以当时的重商主义背景论，《国富论》的确是这样。这传统经由古典经济学发展到当前的均衡理论。均衡理论利用数学重新陈述对自由经济的追寻，以数学关系式去表达未来景象的均衡条件。[1]它充分发挥数学的可操作性，发展一套严谨的比较静态分析，提供以可操控变量去影响均衡配置的科学手段。该理论关心均衡的存在条件，也讨论这些条件是否符合帕累托最适配置条件，因为这一致性是亚当·斯密在《国富论》中以文字陈述的"看不见的手定理"。[2]

早期经济学者相信个人偏好和生产技术无法在短期内变动，只有个人期初拥有的资源分配和政府权力才是可操控变量。其中，上一期的窖藏种子不仅是个人的期初资源，也把个人的决策联结到下一期。只要给定种子的发芽机率，静态的均衡理论就可以轻松地延展到两期或无限期。种子可以改为资本财，只要添加一条关于资本财存量的累积方程式。但资本财不同于种子，非个别经济单位能自行生产取得，必须仰赖资本财市场。遗憾的是，均衡理论放弃了繁复又异质的资本财市场，简化为以货币为交易目标的资本市场。只要将个人效用改为跨期效用，均衡理论就可以探讨多期的均衡配置，也就是经济成长理论。在经济成长理论中，可操控的变量多了货币供给量和重贴现率。

---

[1] 简单地说，该理论在给定个人偏好、个人期初拥有的资源、当时的生产技术等外生参数下，探讨利伯维尔场在生产、分配与消费活动中的资源分配。个人在外生参数的限制下，接受市场的价格结构，选择个人最适的供给与需要。当市场的供给量和需要量不相等时，商品价格会变动，个人会微调，直到市场均衡，包括均衡价格与均衡数量。所有商品都该达到市场均衡的状态称之完全竞争下的一般均衡。在技术方面，静态均衡理论关心均衡的存在条件、唯一性与稳定性。

[2] 看不见的手定理：即使个人仅为私人目标去计算供给与需要，只要在利伯维尔场内，当完全竞争均衡出现时，不仅个人目标都能在限制条件下实现，社会的总产出也会达到无法再增加的前缘。

索罗（Solow 1956）在最早的经济成长模型里接受外生给定的生产力（包括技术）参数，仅视个人储蓄率为可操控变量。之后的发展有二，其一是将个人储蓄率转化为个人决策的内生变量，其二则是将外生给定的生产力转化为可操控变数。[1] 直到罗默（Romer 1990）提出的内生成长理论，才进一步把生产力从可操控变量转化成模型的内生变量。[2] 除了给定的期初资源和个人效用仍为外生参数外，新的经济成长理论只剩下政府有能力透过资本市场的可操控变量去影响经济成长。然而，经济现实却是，各国的一连串宽松货币政策和接近于零的利率并无法有效地带动经济成长。

诚如柯兹纳（Kirzner 1973）所说的，均衡理论是沿着严谨的轨迹发展。若其失灵，其原因必然隐藏在其假设里。让我们就均衡理论现有假设的四点隐性假设加以讨论。

首先，均衡理论为了重述看不见的手定理，不得不采取方法论个人主义，假设每个人都是独立自主的决策者。他们继承了亚当·斯密，以自利作为独立自主的决策标准。以自利为动机的个人是不会主动限制自己的发展方向的。然而，该理论为了保证均衡的存在，把个人限制在单一商品的交易中。不论这单一商品是不具替代的特殊商品或是不存在替代的总合性商品，都让个人决策只剩下数量的选择，排除了创新商品的空间。商品创新遭限制后，超额需要就只会反映到价格以及衍生的供给数量的增加。超额需要是催生新商品的有效力量。如果创新不受限制，超额需要会催生新商品，并会带走大部分的超额需要。这样，原商品的价格就未必会上升，甚至会下跌。反过来说，当生产者看到商品价格下跌时，除了担心需要减少外，或许更担心新商

---

[1]　这些可以影响生产力的可操控变量包括：个人对人力资本的投资、厂商在研究发展上的投资、以及政府对个人投资与厂商投资的政策。

[2]　内生成长理论把个别经济单位的决策结果加总成一项内生的总合变量，让它对个别经济单位释出正外部性的生产能量。

品的出现。[1]

第二，均衡理论的均衡绝非资源的最适配置。当社会的知识被限制去生产同质商品时，没有理由可证明这配置会胜过被迫放弃的生产选择。该理论为了强化均衡的最适性，常在教科书中论述选择与放弃的对偶关系，也就是强调最高效用的最适条件与最低机会成本的最适条件是相同的。的确，人们在选择时会评估所有知道的机会，明确地从中挑选。但在讨论机会成本时，人们只有能力臆测被放弃的机会的可能效用，却毫无能力去判定尚未认识以及尚未出现的机会。语意上，选择就等于放弃，但这两种行动所牵涉的知识范围并不相同。[2] 均衡理论讨论已知商品的最适选择数量，不思考明天可能出现的选择。但在动态理论中，以今天的知识去决定明天的选择，就等于假设明天不会出现更有用的知识。

第三，均衡理论无关乎经济成长。当同质商品的消费数量增加时，消费者的边际效用会递减，这不利于消费的持续成长。迟滞的消费成长也不利于投资的持续。只要消费的边际效用不递减到零，内生成长理论依旧可以维持消费、产出与所得的固定成长率。然而，这只是数学游戏，因为在没有其他的消费选择下，持续增加的消费所能增加的边际效用已极其微小。若能抛弃同质商品的设定，持续递减的边际效用会吸引生产者提供创新商品，让新商品和新效用接手去推动经济成长。只有不断出现的创新商品，才能支撑持续带来实际福利的经济成长。

第四，为了合理化对商品种类的限制，新古典学派进一步以简化

---

[1]　请参阅：https://en. wikipedia. org/wiki/ Disruptive_innovation。

[2]　布坎南（Buchanan 1969）在强调机会成本的主观性时，讨论的是被放弃的机会的个人主观性以及未曾实现的效用主观性，而未关注到选择者在当时尚未明确认识以及尚未知道其存在的机会。科斯（Coase 1960）在以火车和牛群为例讨论社会成本时，并未将最适方案限制在选择者所明确认识的方案（机会）中，而是开放双方去自由协议。他没明确指出尚未知道其存在的机会，但至少这些机会有可能在他主张的利伯维尔场过程中被创造出来。

方式扭曲方法论个人主义。他们提出"代表性个人"的概念，让"他"代表一般化的个人；这样，"他"的偏好和选择就可代表社会的偏好和选择，而"他"的供给也就代表社会的供给。由于"他"清楚地知道"他"的偏好，也仅知道"他"的偏好，这样就不必去思考其他替代性商品的需要。再者，在代表性个人的假设下，"他"的效用成为一般化的社会福利。利用这社会福利为指标，不同的均衡就可以比较，也给操控找到说辞。当模型抽出外生参数的线头后，就不难顺着逻辑去比较可操控变量在不同数值下的均衡状态和社会福利。然而，代表性个人以"他"的自利目标作为社会选择的标准，把社会选择化约到"他"的选择。换言之，代表性个人的假设并非在强调"他"的普遍性，而是隐藏同构型个人的假设。当个人的行动成为社会整体行为的缩影后，我们将无法辨识经济分析的对象是个人还是社会整体。个人的自主性也就被扭曲的方法论个人主义抽走。

边际效用学说是自利假设的诠释，因为逻辑上只有主观的个人效用才能展开自利论述。新古典学派利用边际效用学说的潜在数学特质，将探讨个人在多商品选择的均衡计算发展成市场的均衡理论，以及阿罗和德布鲁（Arrow and Debreu 1954）的一般均衡理论和福利经济学。此后，均衡就从市场交易的可能状态发展成理想状态。如上段第一点的讨论，学者们在寻找均衡成立的数学条件过程中，逐渐地把自利当成探讨均衡条件而存在的假设。

第三点已指出，均衡理论若要建立真正的动态理论，商品市场必须存在异质竞争。但这样还不够，因为不论异质商品的种类有多少，只要事先给定，就可以加总成为单一的总合商品，又回到单一商品的论述。为了让异质商品可以持续且非预料地出现，动态理论必须解决"谁带来这些异质商品"以及"如何带来这些异质商品"的问题。

谁带来这些异质商品？要回答这问题就必须放弃代表性个人假设，因为作为代表性个人的"他"能带来的商品都已经是"他"所熟悉的。

所以，在"他"之外，至少要存在一位在消费知识或生产知识上不同于"他"的人。如果只存在一位"另一个人"，就得假设"他"能于每一期创造出新的商品；否则，就假设社会存在不少这样的人。个人与商品存在普遍的异质性，是方法论个人主义得以成立的前提。

自利假设能否推演出异质商品的结论？这答案跟自利假设的内容有关。[1] 对亚当·斯密而言，自利只涉及个人直接利益的计算，并不期待可预见的社会效果。看不见的手定理陈述的是预期外的结果。如果个人在行动时就能预见预期外的结果，这定理就不具价值了。因此，自利的范围应限制在：在个人拥有的知识和能力所及范围内，自己计算行动效果能带来的净利。在此定义下，自利者只会关心自己于短期内或可预见的利润。当然，任何行动对不同期限的未来都有不同程度的影响，这定义只是说：为了建立动态理论，我们必须于自利假设外另立第二项核心假设。这可有不少的选择，譬如利他心或当局控制的"中央研究院"的专业研究等，但本文仅讨论奥派强调的创业家精神。

三、创业家与创业家精神

论述奥派的创业家精神得从米塞斯（Mises 1996）说起。[2] 他称自己的经济学体系为行动学（praxeology），并假设每个人都是具有独立意志的行动人（acting man）。行动人拥有的功能之一是创业家精神，

---

[1] 自利的本意就只是计算自己的利益，这和利他心在初衷上是对立的，因利他的本意就是多考虑自身之外的效果。新古典经济学常把他人的消费或效用视为能影响个人效用的变量。于是，一项能直接增加他人消费或效用的行动，也就属于自利的行动。这是导致逻辑混乱的根源。
[2] Mises, 1966 [1949]: 233-257.

负责审慎盘算行动的利润。[1] 除此功能外，行动人也拥有交易、投资、劳动等功能，和面对不确定的环境和未来的能力。他分别抽出这些功能虚构出各种仅具单一功能人，如资本家、劳动者、地主、投机者、创业家等。譬如，创业家的单一功能就是，直接面对个人被预先设定的能力与环境，尤其当他发现这些预设条件不利于实现个人目标时。为了避免文字混淆，他称此为纯粹创业家（pure entrepreneur），并改称世俗通称的创业家为促进者（promoter）。于是，资本家中同时存在单一功能的资本家和真实世界中拥有资本的资本家，劳动者中同时存在单一功能的劳动者和真实世界中拥有人力资本的劳动者，地主等亦然。在行动学中，功能没有数量的差别，但真实世界的资本与人力资本都存在数量的差异。不同于资本家或劳动者，纯粹创业家除了作为功能人外，在真实世界中找不到存在数量差异的对应分类，这带给奥派学者不少的争执。

另外，在真实世界，有些人会因创造能力平常而选择与预设条件妥协。因此，若不追随米塞斯的定义，我们可以从个人对预设条件的态度（接受或未必接受）和创造能力（一般或超越常人）去观察真实世界的创业家，然后发现到大多数的创业家都是接受预设条件但能力较强的创业家。值得注意的是，米塞斯不讨论能力较强又不愿接受预设条件的创业家。由于米塞斯探讨的是作为行动人而存在的创业家精神（或据此虚构的创业家）而不是真实世界的创业家，又由于他在奥派中占有导师的地位以及他不够彻底的论述，导致后代学者在论述创业家精神时陷入不少的混战。[2]

---

[1] 利润是指足以让个人去改变被约束的预设条件的利得诱因。审慎盘算的意义是，个人能在理解预设条件后，于内心形成另一个他认为可能发展或他有能力去创造的新环境，而且，只要他计算出利润，就会去行动，让新环境出现。

[2] 冈宁（Gunning 1997）主要就在澄清和修补米塞斯在这方面不够彻底的论述。

柯兹纳早期在论述均衡理论的危机后，曾试图植入创业家精神。[1]他继承米塞斯以创业家精神为行动人的功能的假设，同时也以主观评估去看待预设条件的约束。他认为创业家都会预估明天的市场供给与需要，但每个人主观预估的均衡数量与均衡价格各不相同。当个人发现市场的交易价格不同于预估的均衡时，属于行动人的警觉性立即感知利润机会的存在。感知并不需要以拥有资源为前提，也不需要投入成本，但由警觉到投资是需要资源的配合的。柯兹纳的论点遭受不少其他奥派学者的批评，主要是反对他无法放弃均衡的概念。[2]批评者认为，均衡概念一旦进入创业家的大脑，就会局限他的思考方向，一如给战马戴了眼罩，只能看到趋向均衡的方向。创业家的视野远大于这类的警觉和行动，没必要朝向虚构的均衡收敛。[3]对本文而言，我们关注的只是朝向均衡收敛的行动未必会创造异质商品。如上一节提到的，只有连续出现新商品，动态理论才能表现出真正的经济成长。

和柯兹纳不同，熊彼特（Schumpeter 1911）描述的创业家拥有强烈的胆识、毅力和决心。他们和米塞斯的定义很接近，其行动不受预设条件的约束。不过，熊彼特认为这种创业家精神只有少数人具有，并非行动人之普遍属性。但如前述，利用成功创业家的个案可以发展出一套创业管理学，却无法建构出经济学的动态理论。柯兹纳

[1] 均衡理论将市场收敛到均衡的过程视为客观的市场机制，柯兹纳认为市场的收敛过程只来自于创业家主观发现利润机会的行动。若没有这些发现行动，市场过程不会收敛。

[2] 这些批评，如 Gunning（1997）、Hulsmann（1999）、Foss, Klein, Kor and Mahoney（2008）、Klein（2008）、Kleinand Bylund（2014）等。

[3] 在柯兹纳之前，哈耶克（Hayek 1945）也曾精辟地定义市场均衡：所有参与者的行动都处于相互配合的状态。在均衡状态下，每位参与者的行动不会让其他参与者感到困扰，因为该行动对他们产生的影响和他们预期他将采取行动的影响是一致的。于是，达成均衡状态的条件，不仅要求每位参与者的行动能在事前兼容，事后的影响也和事前对行动影响的预期一致。那么，他们该如何规划和行动才能满足这些条件？较简单但仍未必会实现的方式是，每位参与者都朝向市场均衡去规划行动。由于把均衡作为个人规划的方向，这定义也受到类似的批评，譬如布坎南和范伯格（Buchanan and Vanberg 1991）就认为市场过程应该是完全开放的创新过程，而不是默认目标（均衡）的发现过程。

（Kirzner 1999）在接受同僚的批评后，纳入米塞斯与熊彼特的开放性，提出将早期的警觉性论述修正为前瞻型警觉（Forward Alertness）。[1] 前瞻型创业家是市场的开创者，计划打造一个比蓝海市场更宽广的新市场，若借用熊彼特的话，企图开创属于他自己的商业帝国的雄心。他们着眼的利润原本就不存在，而是随着创业家的开发才一点一滴地呈现出来，也不是早期强调的趋向均衡的利润机会。

前瞻型警觉让柯兹纳回到米塞斯的纯粹创业家假设。纯粹创业家只是功能性人，并非在真实世界进行创新、投资、经营的促进者。柯兹纳的确可以让创业家停在功能人以专心探讨财产权理论，或让创业家精神停在行动人属性以专心探讨警觉的内容，然后如卢因（Lewin 2015）的建议，将真实世界的活动交给可以同时拥有资本和创业家精神的真实世界的资本家，就可以解决来自福斯和克莱恩（Foss and Klein）的批评。奥派动态理论的缺陷并不在创业家是否真实存在、抑或他们是否必须拥有资本，而在于：真实世界的创业家是如何获取正的利润？他们是否有能力长期维持正的利润？即使个别企业无法持续，整个社会是否能长期维持正的利润？

四、创业家精神与经济成长

当行动人都拥有上述创业家精神的两种警觉时，他们不难发现或创造利润机会。当他们以创业家（促进者）的身份进入市场过程，是

---

[1] 请参阅余赴礼（Yu, 2001）。相对于前瞻型警觉，柯兹纳早期的警觉可称为回顾型警觉（Backward Alertness）：创业家在判断当前经济社会的发展方向后，提早布局，以抢得潜在利润。这是个人主观知识的外插式预期，其预期基础都是技术上或制度上已经发生的初期突破，因此，不同的创业家会有差异甚大的解读。再者，拥有回顾型警觉的创业家虽朝向潜在利润方向行动，但也存在不少潜在的竞争对手。

需要资本的支持才能将警觉落实为创新与经营。在落实过程中，前瞻型警觉相对于回顾型警觉需要更为自由开放的制度条件。本文假设已有一个不受政府压制与干预的自由开放市场。于是，只要拥有足够资本，能力较强的创业家就可以展开新的事业。新创事业会面临市场竞争的检验，可能成功也可能失败，成功的也可能很短暂或相当长久。成功指的是赚得正的利润。当整个社会获取的总利润不断地增加时，就是奥派意义上的经济成长，也就是经济学动态理论探讨的对象。详言之，动态理论探讨个别创业家为何会成功？为何成功的创业家会多过失败的？为何社会能接续地出现成功的创业家？[1]

个别创业家为何会成功？让我们考虑一位能力较强又拥有足够资本的创业家。如果他落实的是回顾型警觉，就会循着均衡收敛方向行动；如果落实的是前瞻型警觉，行动方向就很难说，但离不开个人拥有的资本。资本越多，可以落实的警觉就能离现况越远。[2] 他的行动也可能介于这两种警觉之间，选择与现行商品具有部分替代的方向，毕竟边际行动能同时拥有容易被接受和开创新局面两种特征，虽然都只是一小步。利润规模决定于供需双方的实际行动。成功的创新必须赢得消费者的足够购买。由于警觉和落实都是主观的，创业家必须成功地说服消费者愿意购买他的产品。

说服是主观间的互动行动，互动的另一方是消费者。创业家必须说服消费者对新商品产生效用，尤其是购买之前的预期效用。普遍的作法就是传递消费知识，让消费者获得该商品的相关消费知识。在创业家方面，柯兹纳认为警觉不同于知识；这对消费者也成立。消费知识不等购买行动，而其间可以切入的行动就是说服。两人之间或许可以情感为要求。在多人的社会，说服该如何进行？柯兹纳曾讨论过这

---

[1] 政府政策会影响创业家的成功，但这议题会将此处所提三问题的"为何"改变成"如何"。
[2] 个人的经验和视野也同样会影响落实方向。

类的营销与广告，反而成为管理学界感兴趣的议题。

　　为何成功的创业家会多过失败的？当每位创业家成功的机会提高后，成功的创业家自然就多过失败的。这结果可能来自于每位创业家都努力在提升消费者的消费知识和说服他们。罗默（Romer 1990）认为个别厂商的研究发展知识会扩散到其他厂商，产生正的外部效果而形成产业的报酬递增。事实上，厂商在提升消费知识方面产生的正的外部效果强过于他们在生产知识方面的扩散效果。只要少数几家创业家的行动，就足以形成消费知识的外部效果，而不必要大多数的厂商去进行类似行动。不仅如此，消费者之间相互模仿与暗地竞赛，不仅加速消费知识的扩散，更会激起消费者在消费方面的创业家精神，也就是提高个别消费者勇于去尝试新商品的意愿与勇气。

　　从外部效果去论述创业家成功的机会会多过失败的概率，并不要求每一位创业家去行动。若每一位创业家都采取此行动，效果自然更大。如果消费者在消费方面的创业家精神减弱，或是创业家从扩散消费知识的行动中退缩，可以预期的，成功机会多过失败的概率就会下降。我们说，创业家的警觉与落实都是主观的，基本上可以假设他们的行动是独立的，只要他们用以计算利润的外部信息不受操控。若外部信息受到操控，即使各自在主观下判读，创业家也会出现集体性的偏误。米塞斯认为这种集体性偏误的判读，只有政府在确切目的下操控外部信息才会出现。

　　最后的问题是，为何社会能接续地出现成功的创业家？超额利润会吸引新的创业者，即使他们只抱着分一杯羹的心态提出替代品，也必须在商品的某特征方面优于原商品。不少的潜在竞争者会来自于消费者从该商品的爱好者转身变成新的供给者。他们或许在生产知识上不如原创业家，但能拥有更贴近于消费者的消费知识。他们提出的替代性商品只属于边际创新，但新商品会继续诱导出新的边际替代性。只要在这连续的创新过程中出现少数的前瞻型警觉的创业者，商品的演化路径就会脱离任何可预知的方向。柯兹纳认为利润机会的追寻也会创造新的利润，其意思必须以存在少数的前瞻型警觉的创业家为前提，而这前提在自由开放的市场下并不算苛求。

商品的持续创新未必要完全仰赖生产者，奥派学者的动态理论过于强调生产者角色。动态理论可以视为奥派文化演化论的应用理论，其演化过程是在创业家和消费者的互动下发展的。创业家和消费者都只是虚构的功能人，若反映到真实世界，真实的消费者可以转身变成真实的创业者，而真实的创业者也是在真实的消费中寻找创新的灵感。为了建构一个能持续出现新创业者的动态理论，我们必须赋予真实的消费者两种警觉的能力，而不是强调真实创业者的特殊能力。让真实的消费者拥有两种警觉并不惊讶，毕竟警觉只是行动人的部分功能。这意思是，我们必须从行动学的角度视自利和创业家精神为行动人的两项功能假设，而不是把创业家精神视为真实创业者的特征，才能建构出真正的动态理论。

五、结论

经济学家非常坚持自利假设的普遍性，即使行为经济学家也只否认它的独一性。几乎所有的教科书都强调自利假设在理论建构上优于其他假设。我们经常在报章上读到讽刺自私自利假设的文章，当然，经济学家会加以驳斥，一则是经济学家只在方法论上假设了自利，二则是自利常与极具负面意义的自私混淆。的确，自利只是理论假设，毫无影射真实个人的行为动机。有意思的是，创业家精神并非主流经济学的分析概念，却也深受他们的喜爱，只因创业家精神在语意上带有强烈的正面意涵，让人不愿也不忍去怀疑它的真实性。

亚当·斯密比喻中的面包师或屠夫的自利都是真实的，但布坎南

（Buchanan 1997）认为他强调的乃是此天性表现的交易倾向。米塞斯也以边际效用为例，说明那只是对消费行为的普遍性假设，并非指生理或心理的真实状态。[1] 当我们视创业家精神为行动人的一个功能假设时，应关切的是其普遍性，而非真实内容。

经济学无法仅从自利假设建构出动态理论，需要另一项能随时挑战决策环境并付诸行动的假设，而这就是奥派的创业家精神。创业家精神是米塞斯的理论核心，遗憾的是，他并未发展出完整的动态理论。本文的贡献是，若依循米塞斯的观点，视创业家精神为行动人的功能而非真实创业家的能力，让消费者担任文化演化论的追随者的角度，同时也让他们可以转身变成创业家，就可以建构出完整的动态理论。

参考文献

Arrow, Kenneth J. and Gerard Debreu. 1954. "Existence of an Equilibrium for a Competitive Economy." *Econometrica* 22, no. 3 (1954) : 265-290.

Buchanan, James M. *Cost and Choice: An Inquiry in Economic Theory*. Chicago: University of Chicago press, 1969.

Buchanan, James M. *The Limit of Liberty: Between Anarchy and Leviathan*. Chicago: University of Chicago press, 1975.

Buchanan, James M. and Viktor J. Vanberg. "The Market as a Creative process."*Economics and Philosophy,* 7 (1991) : 167-186.

Coase, Ronald H. "The Problem of Social Cost." *Journal of Law and Economics* 3 (1960) : 1-44.

Foss, Nicolai J., Peter G. Klein, Yasemine Y. Kor, and Joseph T. Mahoney. "Entrepreneurship, Subjectivism, and the Resource-Based View: Towards a New Synthesis." *Strategic Entrepreneurship Journal* 2, no. 1 (2008) : 73-94.

---

[1] 他说，如果不接受边际效用递减的假设，个人做任何事都会做个没完没了。

Hayek, F. A. *The Counter-Revolution of Science: Studies on the Abuse of Reason.* Glencoe, Illinois: The Free Press, 1952.

Hayek, Friedrich A. "The Use of Knowledge in Society." *American Economic Review* 35, no. 4 (1945) : 519-530.

Hulsmann, Jorg G. "Entrepreneurship and Economic Growth: Comment on Holcombe."*The Journal of Austrian Economics* 2, no.2 (1999) : 63-65.

Kirzner, Israel M. "Creative and/or Alertness: A Reconsideration of the Schumpeterian Entrepreneur."*Review of Austrian Economics* 11 (1999) : 5-17.

Kirzner, Israel. *Competition and Entrepreneurship.* Chicago: University of Chicago Press, 1973.

Kirzner, Israel. *The Meaning of Market Process.* New York: Routledge, 1992.

Kirzner, Israel. *The Driving Force of the Market.* New York: Routledge, 2000.

Klein, Peter G. "The Mundane Economics of the Austrian School."*Quarterly Journal of Austrian Economics* 11, no. 3 (2008) : 165-187.

Klein, Peter G. and Per L. Bylund. "The Place of Austrian economics in Contempory Entrepreneur Research."*Review of Austrian Economics* 27 (2014) : 259-279.

Lewin, Peter. "Enterpreneurial Opportunity as the Potential to Create Value."*Review of Austrian Economics* 28 (2015) : 1-15.

Mises, Ludwig von. *Human Action: a Treatise on Economics,* New Port: Yale University Press, 1966 [1949].

Patrick, Gunning, J. *The New Subjectivist Revolution: An Elucidation and Extension of Ludwig von Mises' Contribution to Economic Theory.* Savage, Maryland: Rowman and Littlefield, 1991.

Patrick, Gunning, J. "The Theory of Entrepreneurship in Austrian Economics." In Willem Keizer, Bert Tieben and Rudy Van Zijp (eds.) . *Austrian Economics in Debate.* London: Routledge, 1997, p. 172-191.

Romer, Paul M. "Mathiness in the Theory of Economic Growth."*American Economic Review: Papers & Proceedings* 105, no. 5 (2015) : 89-93.

Romer, Paul M. "Endogenous Technological Change." *Journal of Political Economy* 98, no. 5 (1990) : S71-S102.

Salerno, Joseph T. "The Entrepreneur: Real and Imagined." *Quarterly Austrian Economics* 11 (2008) : 188-207.

Schumpeter, Joseph A. *The Theory of Economic Development: An inquiry into profits, capital, credit, interest and the business cycle* 1911.

Solow, Robert M. 1956. "A Contribution to the Theory of Economic Growth." *Quarterly Journal of Economics* 70, no. 1 (1956) : 65-94.

Yu, Tony Fu-Lai. "Entrepreneurial Alertness and Discovery."*Review of Austrian Economics* 14 (1999) : 47-63.

企业家作为环球经济协调者：
以利丰集团为例

*余赴礼 关诗敏**

摘要：本文以奥地利经济学派的企业家理论解释利丰集团的运作与实践。本文结合米塞斯（Ludwig von Mises）、柯兹纳（I. M. Kirzner）及哈耶克（F. A. Hayek）等学者的贡献，说明企业家如何联系各地商业活动，并成为国际经济协调者。这个理论用于解释利丰的成就。本文指出利丰作为全球最大消费品供货商之一，它没有雇用庞大数量员工、或征用什么原材料、机器或工厂来进行生产。然而，利丰联系和协调全球最高效率及最廉价的生产程序，便能获得"企业家的纯利润"。本文结论是利丰代表了一个成功的环球经济协调者，为全球传送、结合和创造知识。利丰与其他国际企业家一同将香港变成亚洲最具动力的知识枢纽。

关键词：利丰集团；企业家精神；环球经济协调；奥地利经济学派

---

* 余赴礼，香港树仁大学经济及金融学系教授；关诗敏，香港中文大学教研服务部。

一、前言

> "[利丰]在全球建立卓越的商业网络，把合适的商品在合适的时间内以合适的价格送到合适的地方。"
>
> （Fung et al. 2008: 20）

1949年后，香港利丰集团（以后简称利丰）逐渐成为一间卓越的环球企业。它处理不同种类的货品，包括服装、家庭用品、家具、玩具、健康及美容产品。现时，利丰的产品及业务，由分布全球40个国家内的70间办事处，透过商业网络协调生产。2009年，商业周刊（*Business Week*）将利丰列为全球最佳公司第27位，《福布斯》（亚洲版）（*Forbes Asia*）则列为第50位，而《福布斯》（*Forbes*）则列为全球最大公司第888位。[1]

那么，利丰从事什么业务呢？利丰是一个出口商？制造商？零售商？消费者？又或者是一个供货商？有趣的是，上述任何一个功能都可以是利丰从事的业务。换句话说，利丰拥有全部以上的功能。然而，在奥地利经济学派理论中，利丰无疑是一个环球企业家。它协调世界各地经济活动以赚取利润。本文引用奥地利经济学派的企业家精神理论解释利丰的运作和业务。具体而言，本文结合米塞斯（Ludwig von Mises）、柯兹纳（I. M. Kirzner）及哈耶克（F. A. Hayek）关于企业家精神和市场过程的说明，研作出一个环球经济协调理论。本文利用这个理论解释利丰的成就。

---

[1] 有关利丰的成就，参考 http://www.lifung.com/eng/newsroom/lifung_news/news100205.pdf，取于2010年7月27日。

二、文献回顾

利丰作为一间成功的国际企业，有关研究是不乏的，其中包括冯氏家族第三代后人冯国经和冯国纶的访问（如：Slater 1999，Holstein 2002，Fung 2007，*CNN* 2009）。在 Magretta（1998）的访问中，冯国经提及无国界生产与供应链管理的概念和策略。冯氏兄弟也阐释供应链业务管理（Fung 1997，Fung et al. 2008，Wind et al. 2009）。此外，Hutcheon（1992）及 Feng（2007）为利丰写传记。Feng（2007）从过去一世纪的商业策略、企业家精神和文化价值观当中，描写利丰如何由一个富有中国传统观念的家族企业演变成为跨国企业。利丰与其他贸易伙伴透过协调、学习和创新，进行合作和调整（Wind et al. 2009: 300-301）。Hagel and Brown（2005）进一步解释利丰作为商业网络的指挥官，它衔接全球最佳能力的公司，从而提升生产灵活性。Chang and Phi（2007）分析利丰如何收购利和公司（Integrated Distribution Services Group Limited）。此外，哈佛商学院进行了多个有关利丰的个案研究，包括 Loveman and O'Connell（1995），Long and Seet（1996），Yoshino and George（1998），Hagel（2002），McFarlane and Young（2002）等的著作。[1] 虽然利丰的成功已经广泛地由学者在商业和供应链管理的领域内作出了研究，然而，利用企业家精神理论解释利丰业务的研究依然缺乏。本文尝试填补这个缺口。本文提出一个奥地利经济学派的环球经济协调理论。本文首先介绍奥地利经济学派的国际企业家精神和环球经济协调理论（第三节）。关于利丰的个案研究，第四节描述公司背景，第五节是以奥地利经济学派角度来说明利丰集团的环球经济协调活动。第六节是结论。

---

[1] 冯国经和冯国纶均毕业于哈佛商学院工商管理硕士课程。冯国经更在哈佛商学院完成博士课程，并在该学院任教。自从冯氏兄弟在 20 世纪 70 年代早期回流到香港，他们仍然与哈佛商学院维持紧密关系。

三、奥地利经济学派的国际企业家精神和
环球经济协调理论

国际企业家最重要的功能是协调环球经济活动。奥地利经济学派认为市场内并没有任何人是同质的。[1] 每一位市场参与者都拥有自己的经验和知识存库，他们有不同的想法和预期。因此，市场活动和参与者的计划在许多情况下是不协调的。哈耶克（Hayek 1945）提到计划的吻合就是协调的问题。例如：计算机生产商华硕，必须估计美国消费者（彭尼公司）将来需要什么产品。同样的，美国生产商也急于知道竞争对手的计划，从而能够制定推销或价格策略。订立错误的价格或生产错误的产品（即是计划不协调）可以是灾难性的并导致公司倒闭。

从奥地利经济学派的角度来看，企业家尝试协调经济活动来获取利润。以米塞斯的用语（Mises 1949: 328/ 夏道平 1991: 428-429），市场过程的推动力，既不是来自消费者，也不是来自生产手段——土地、资本财和劳动——的所有者，而是来自一些企业家。他们志在利用价格的差异以谋取利润。他们用敏捷的理解力和远大的眼光向四处寻找利润的源泉。他们在他们认为价格够低的地方和时机买进，在他们认为价格够高的地方和时机卖出。他们接近那些生产要素的所有者，而他们的竞争把这些要素的价格抬高到相当于他们对产品的未来价格所预期的限度。他们接近消费者，而他们的竞争把消费财的价格压低到全部供给量可以销售掉的那一点。追求利润的投机，是市场的推动力，正如同它是生产的推动力。

柯兹纳进一步发挥哈耶克和米塞斯的观点。根据柯兹纳 1973 年的经典论文（Kirzner 1973），本文认为国际企业家的功能，在于拥有

---

[1] 主流新古典经济学派假设在市场内，市场参与者、公司和产品都是同质的。

能力去发现环球投资利润机会。他们利用自己的直觉来发掘市场机会。国际企业家具有洞悉市场数据的优秀能力，发掘及利用分布世界各地的投资机会。根据马田（Martin 2007: 6）的看法，全球利润机会以三种形式出现。第一，识别过往的错误或计划的不协调。第二，初次引进新机会。第三，未来的不确定性。

正如柯兹纳（Kirzner 1985: 162）所言，国际企业家能够整合来自全世界"无数的零碎信息"。因此，环球经济协调过程不外乎是"各人对市场释出的信息作出有系统的计划调整，换言之，市场不断地测试各参与者的计划"（Kirzner 1973: 10）。促进经济协调意味着企业家能令市场参与者的计划得以更兼容（Martin 2007: 4）。

国际市场内的知识传递

如果经济课题是一个协调的问题（Hayek 1945），那么，我们需要分析知识如何在国际交易过程中被创造和传递。假设有两个人，A先生和B女士分别居住在英国和中国香港，他们对每天发生的事物都有自己独特的主观看法。A君想达到目标X而B女士想达到目标Y。每一个人都会因应外围环境情况，作出经济盘算和判断。假设A君想达到目标X，但他没任何方法，也不知道从哪里可达到目标X。另一方面，虽然B女士拥有很多X的资源，但对她来说并没有用处，纵使这些资源适合A君的目标。这个经济问题就是知识问题：A君和B女士互相不认识。显而易见，在这个例子中，因为双方缺乏贸易信息，国际贸易便不能发生。根据知识主观论（Kirzner 1979: 137-153），对于这两个人而言，机会完全没有发生在他们身上。[1]

---

[1] 主观诠释方法不是强调知识本身，而是人们对知识的认识。这个方法强调人们对某些知识的无知。它信奉"当人们对某东西完全无知，这东西便不存在"（Kirzner 1979: 138）。参考 Yu（2001: 47-63）。

况且，如果两个国家的人士偶然发现双方都有意图去进行贸易，但因为彼此的思想和行为都是植根于不同的社会道德和价值，因此，国际交易都不一定会进行。各人的思想跟随一系列习惯、传统、制度、社会准则、习俗和法律系统。这种知识是社会建构而成。每个贸易伙伴因为不同的文化和价值观，对社会世界也有不同的阐释。[1] 具体地说，我们不敢随便与陌生外国人贸易。我们会花费很多时间及精力去寻找值得信任的贸易伙伴。因此，了解自己的贸易伙伴，作出企业家的决策，反复试验、学习和测试外国市场是国际贸易的主要元素。然而，新古典经济学派往往忽略这些重要元素。

因为文化障碍和知识的因素，中间人在国际贸易中便担当了重要的角色。中间人的角色其实已经在主流价格和交易费用理论中详述（例如：见 Casson 1982；Reekie 1984）。然而，从人类施为的理念而言，中间人不单只是双方的代理人，也是一个企业家和知识创造者。中间人传递知识和察觉新机会，从而提升贸易和双方的福祉。

从上述的例子，除 A 君和 B 女士两人外，我们加上一个中间人 C。[2] C 从其专业知识，发现国际市场内有机会。C 便联络香港的 B 女士，希望从 B 女士购买自己的货品，然后将货品转售到英国的 A 君。因为 C 的商业行为，三方面都得到利益。这个是国际套戥，正是柯兹纳式的企业家精神（Kirzner 1973）。[3] 新古典经济学派分析认为贸易会继续下去，直至各方边际替代率相等，及最终达致最优均衡。不幸的

---

[1] 文化因素可以从晚清期间英国和中国之间的第一次贸易来说明。那时，英国和中国之间的贸易不幸地以鸦片战争作为终结。双方冲突可以以用文化内容来解释，英国认为鸦片战争起源于"贸易"。对于英国人来说，战争之目的在于要求中国进行自由贸易和废除由清朝政府官员订立的不平等待遇。中国则认为鸦片战争起源于"鸦片"，因为当时大量鸦片由外国运到中国，引致道德沦亡和外汇（银）损失。关于英国和中国的冲突，参考 Yu and Kwan（2003: 76-78）。

[2] 采用 de Soto（1995: 228-253）。利用简单的火柴人作为图解，de Soto 能够展示奥地利经济学派的企业家精神的本质。

[3] White（1976: 4）认为柯兹纳企业家精神就是套戥活动，两者不能分辨。

是，虽然新古典经济学派的分析简洁且合乎逻辑，但是，对于中间人的施为以及如何创造和传递知识，新古典经济学派则缺乏论述。根据 de Soto（1995: 234-237），企业家套戥行为会引致三个重要的结果：

第一，作为一个中间人，C 创造新的信息。他的企业家行为创造了市场新信息。在本文的例子中，当企业家 C 参与 A 君和 B 女士的国际贸易，A 君和 B 女士的脑袋也同时产生了新信息。英国的 A 君发觉他所缺乏的物品可以在世界的另一个角落找到。因此，A 君会作出前所未有的行为。另一方面，香港的 B 女士也发觉自己拥有大量的资源，能够以好价钱出售到海外。因此，B 女士也同样地作出前所未有的行为。换句话说，企业家 C 的行为在国际市场上引起一连串新的知识和经济行为。

第二，企业家创造的知识在环球市场内传递。知识传递需要彼此学习，而学习过程中他们也创造新知识。在本文的例子中，因为企业家 C 的行为，A 君和 B 女士分别各自创造新知识：(1) 以前，A 先生缺乏某些物品；现在，他可以从 B 女士那里得到这些物品，然后继续实践自己的目的。(2) B 女士也发现自己的物品是有用和有价值的，因而，她再不会浪费她的资源。总括来说，在市场过程中，通过价格讯号，A 君和 B 女士所得到的知识将会传播到全世界。

第三，面对新经济形势，买卖双方透过学习，不断改变计划、制定新期望（Lachmann 1956）并作出经济判断（Knight 1921）。因此，资源便更有效地被使用。更准确地说，市场预期（或计划）会变得更协调。就本文的例子，因为企业家 C 的行为，A 君和 B 女士双方因应新的信息，调整他们的计划。尤其是，A 君拥有新的资源可以实践自己的目标和进行从前未想过的计划。另一方面，B 女士也不再浪费自己的资源，相反，她会好好保存这些资源，将它们销售到国际市场。总而言之，在市场上，贸易各方相应地学习、调整计划、促进经济协调。更重要的是，各人在国际市场作出最合适的调整的同时，其实也是在学习。正如 Schutz and Luckmann（1989: 8）所说："人们为了达致个人的目标去学习调整自己的行为，同时，他们也改变了自己对其他人的行为的阐释。"这种市场互动过程是一种简单而有效的经济协调活动，也改善了人类获得福祉的方法，这正是亚当·斯密"看不见的手"的理论。本文将会利用奥地利经济学派的环球经济协调理论解释利丰在环球市场的成就。

四、利丰的背景

利丰由李道明和冯柏燎于 1906 年在中国广州创立。冯氏曾是一名英文教师，精通英语，作为中国厂商和西方买家的中间人，有着言语优势。最初，利丰从中国出口瓷器和丝绸到外国，其后，兼营竹藤制品、翡翠、象牙手工艺品和烟花。1937 年，冯柏燎的二子（冯汉柱）知道香港拥有深海港和政治稳定，决定将利丰搬到香港。[1] 当冯柏燎于 1943 年去世，李道明也退休并将自己的股份出售给冯氏家族。于是，冯汉柱便全面接手利丰业务。[2]1949 年后，很多人从内地涌到香港，并从事劳动密集型的行业，如玩具、衣服、电子和塑料花。利丰把握时机将这些低廉成本的产品从香港运销到世界各地。

20 世纪 70 年代初，冯氏家族第三代后人冯国经和冯国纶从美国留学回流香港，并加入利丰。他们把利丰从富有中国传统观念的家族企业转变为现代化公司。他们改组两个核心业务，即出口贸易和零售。利丰扩展业务，并在新加坡、韩国，以及我国台湾地区设立地区办事处。当邓小平于 1979 年实施改革开放政策，利丰将生产线迁移到

---

[1] 抗日战争期间（1937—1945），香港相对于内地而言，政治情况较稳定，进出境也比较容易。

[2] 虽然李氏家族已经离开利丰，利丰的名字依然沿用至今。"利丰"一词代表利润和丰足。

内地。利丰在香港的总部则负责设计、销售、物流和银行业务。1995年起，利丰从一间地区贸易公司转变为全球经济协调者。其后，利丰逐渐收购英之杰、太古贸易有限公司、金巴莉和 Colby 集团。1998 至 2008 年期间，利丰的销售额上升 7 倍，于 2008 年达到 14.3 亿美元（CNN 2009, December 9）。2009 年，利丰在全球拥有大约 13400 名员工，其中 3045 名员工在香港，其余 10357 名员工则遍布全世界（Li & Fung Limited 2009）。利丰从 40 个国家，80 多间办事处，及 11000 个供货商中，产生 3.37 亿港元[1]纯利（Li & Fung Limited 2009）。利丰也是全球最大服装供应者之一，包括 Abercrombie & Fitch（A&F）和 Tommy Hilfiger。同时，它在消费者物品业务上也很成功，如家饰、玩具和运动器材等。利丰在出口贸易上有卓越成就，但是它几乎没有拥有什么原料、工厂或机器。然而，利丰将生产程序分散到各地卓越的供货商手里。在多变的市场中，利丰担当了协调环球经济活动的角色，达致符合客户和消费者的预期。

五、利丰作为一个环球经济活动的协调者

在多变的环球市场中，利丰不单要适应市场趋势，更扮演一个经济协调者的角色。冯国经同意父亲的想法："转变是必然发生的，通常也是好的，因为旧的不一定是最好的"（Fung 1997: 225）。可是，急速的转变会带来不确定性和机会。利丰员工要常常保持灵活去应对环球市场的变化，从而"在市场上，能够先发制人"（Slater 1999: 13）。冯国纶认为成功的最重要因素是公司要"预期市场改变，持续不断的改善策略，时刻准备重整公司，甚至如有需要，不惜重头开始，切实地

---

[1] 现今，1 美元相等于 7.8 港元。

将改善制度化"（Fung 2003）。利丰展现出环球经济协调的能力。作为全球协调者，利丰能够"聘用商业网络内的人才和创意，协调各人的才能，确保整体运作过程成功"（Fung et al. 2008: 37）。利丰了解商业伙伴的愿景、策略和需要之后，便会"确实地预测顾客和最终消费者的需要"（Fung et al. 2008: 121）。简言之，利丰创造新市场，带领商业伙伴满足市场的需要。

动态的环球网络

利丰相信现今环球动向不再是"公司与公司之间的竞争，而是网络与网络互相竞争"（Fung et al. 2008: 16）。环球经济网络能提升"联系各方核心能力，亦即商业网络的指挥能力，而这种动态学习能力可以成为任何公司的重要独特资产"（Fung et al. 2008: 208）。利丰展示出环球经济协调能力，包括：(a) 了解市场参与者的才能；(b) 建立互信；(c) 确保质量和依时运送；(d) 建构一个环球信息网络；(e) 内部协调和奖赏制度（Cheng 2001）。

利丰跨越国界边境将制造业切割成小工序。利丰没有拥有很多任务人、原材料、工厂或机器。然而，它为全球消费者提供所需的卓越能力、提供一站式及各式各样的服务（Magretta 1998: 104）。当一个顾客提出订购一件新产品，利丰会为顾客从世界各地寻觅供货商和装配配套组件。"供货商负责供应原材料，生产商负责生产货品，而我们（利丰）负责处理所有物流。在我们的供应链内，没有任何一方被要求负责自己能力范围以外的活动"（Long and Seet 1996）。利丰为生产商和供货商提供他们所需的东西、货品及服务，以符合客户的设计、生产、质量保证和运送时间表的要求。利丰的角色是"指挥生产程序，提出样本，提供数据给供货商。如是者，利丰已经超越纯为他人提供所需货品的功能"（Slater 1999: 11）。换句话说，利丰整合零碎的知识，

"从环球经济网络中，提供最好的工序，把合适的商品在合适的时间内送到合适的地方"（Fung et al. 2008: 20）。

利丰作为一个知识代理人

利丰可被誉为环球知识代理人，传递各地讯息、整合和创造知识。它是知识枢纽，与其他市场参与者合作和分享知识。公司内，每一个专业部门都是一间独立的小型公司，由专家领班及负责某种产品。利丰则提供行政支持、配套设施、财政和人力资源。这些专家获得利丰授权，表现出高度企业家精神，因为没有受到行政指令的限制，各部门可发挥他们的最大才能。他们可以"实时接触母公司的信息和资源，但又能维持小组的特性，发挥创见和灵活性，从而满足消费者的要求和促进业务运作"（Fung et al. 2008: 96）。这些利丰内部企业家，凭着灵活和创新，"与自己的团队走到最新的商业领域，寻找机会，又能独立地处事，建立和指挥经济网络，面对市场的转变作出快捷的反应。在新的领域里，靠着自己的能力存活"（Fung et al. 2008: 83）。他们紧贴最新市场趋势，与世界各地的企业家追逐利润机会。简言之，利丰协调不同的才能，以第一时间响应市场的需求。

另一方面，利丰利用"填补小孔"的方法来协调全球的能力（Yoshino and George 1998）。假如贸易伙伴不再依赖利丰做生意，利丰便会作出部分收购和接收对方优先处理的事宜。例如，1995 年，利丰收购亚太区的英之杰，使利丰由一间地区公司一夜间转变为跨国公司。[1] 利丰认为"解决当地问题的方法，是根据当地的需要而制定"（Fung et al. 2008: 200）。因此，利丰鼓励员工"采用本土文化，但具有

---

[1] 英之杰是传统英式公司，由西方经理人领导。它拥有大量欧洲顾客，且在欧洲、南亚、地中海和拉丁美洲设立采购公司。

国际视野"。换言之，业务策略混合了当地文化和多元化的国际视野。利丰与全球企业家合作，发展一个知识型的环境。利丰收购英之杰之后，保留英之杰"大部份经理，如此，创造了机会，学习对方最佳处事方法。又容许当地办事处具有一定的自主权，使它们可根据当地的环境发展出一套适当管理模式"（Fung et al. 2008: 90）。

为了提高环球经济协调的有效性，利丰与中国传统家族企业从上而下的管理不同，它鼓励上下员工彼此了解、信任和包容。为求国际化，利丰安排每月英语会议和两年一度的国际会议。它鼓励员工发表意见，与世界各地商业伙伴分享讯息。因此，利丰融合中国价值观和西方文化，正如冯氏（Feng 2007: 95）所言："一个全新的中国管理模式正在形成；这种模式不单采纳传统价值观，如：勤奋、节俭、社会和谐，也采纳西方的办事方式，如：处事灵活和创新、愿意融合外来元素。"利丰鼓励试验和推行多元化。它了解和比较商业伙伴的表现。每个商业伙伴被指派不同的角色、工作职责和表现基准。优秀的员工会获得奖赏，较差的员工会被指派其他工作。利丰成立政策委员会确保质量质素。委员会由一班产品经理组成，他们每五至六星期开会一次。他们分享信息，为商业道德、监督、承诺和公司社会责任制定政策。利丰严格视察厂房并采用持续训练的方式去发掘员工的企业知识和能力（Loveman and O'Connell 1995）。利丰的"三年策略计划"使公司与商业伙伴能够"比其他人更快改变预期，适应或进行改革"以及"寻找和发展新范畴来填补商业的空隙"（Feng 2007: 237; *Telegraph* 2008, June 1）。利丰鼓励商业伙伴采纳新思维并发掘市场上的利润机会。

在现代数码世界里，在线的知识协调能力日渐变得重要。信息科技、数码通讯和互联网提供了一个快捷和可靠的知识协调方法。利丰为贸易伙伴设立在线通讯网络，帮助开拓产品和履行订单。电子数据交易为顾客提供直接通讯。诚然，信息科技提高了决策的有效性和效率性，但是，人为经验和知识仍然是复杂和不可或缺的。利丰承认人为经验和知识的重要性。

"科技不单只是科技本身，决策者的判断力和经验才是重要。利用先进的科学管理工具应付具挑战性的环球网络是重要的，可是，商业决策是相当复杂的，不能完全依赖计算机。一流的专家会利用信息系统帮助决定生产的地点和供应链的设计。"（Fung et al. 2008）

利丰融合信息科技、人为经验和知识。它与伙伴和顾客维持"紧密和深入"的关系（Li & Fung Research Center 2003: 154）。它协调顾客知识，提升网络能力，"激励效率，改善协调及创新思维"（Fung et al. 2008: 148）。在精密的电讯网络科技中，企业家能够了解市场趋势，预测需求，甚至当一件产品离办厂后，也能获得更多收益。譬如，在零售业中，利丰与生产商、分销商和零售商分享销售和消费者的数据，防止缺货或过多存货，务求质量有所保证等（Quelch & Bartlett 2006: 61）。利用现代科技，利丰的环球经济协调强调合作和了解，融合丰富的信息，与世界各地伙伴分享新视野。

个案研究：金宝贝和利丰 [1]

美国的童装品牌金宝贝计划于来年冬季库存一万件抓毛绒保暖外套。由于地域较近、质量和效率高，最初，金宝贝只联络中国香港生产商。可是，生产成本非常高。其后，金宝贝考虑向海外供货商采购。虽然位于巴基斯坦的生产商能生产价廉物美的外套，金宝贝却担心当地的恐怖主义活动。许多东亚地区也拥有大量廉价原材料和劳工，因此，当地衣服的生产成本一直处于低水平。中国香港曾是著名的成衣生产地。金宝贝听闻利丰曾是美国服装品牌 Tommy Hilfiger 的供货商，并且，利

---

[1] 采用 Magretta（1998）和 Fung et al.（2008）。

丰是以亚洲为基地的代理商，拥有全球供货商和生产商的网络。金宝贝向利丰咨询："我们公司通常每年四至五次订货，每季多达 2000 款式。今年冬季，我们考虑订购抓毛绒保暖外套。每件外套将会售价 40 美元。你可否为我们安排供应？"利丰接纳这项交易，为金宝贝设立一个团队。这个团队专门为金宝贝从世界各地寻找价廉优质的生产程序。透过利丰的安排，各个贸易伙伴，包括利丰、金宝贝、发展中国家的供货商和生产商都获益。下文以抓毛绒保暖外套详细说明之。

　　金宝贝的抓毛绒保暖外套外判价每件定为 40 美元，利丰估计每件成衣的成本占承判价约 35%—45%，配件占承判价约 5%—7%（Li & Fung Research Center 2003）。利丰察觉到生产成本和承判价的差额可获微利 4 元的机会（Fung et al. 2008:146）。要达到这个利润，利丰运用全世界最廉宜和最高质素的资源。例如，利丰利用来自韩国生产的外壳，来自中国大陆的 100% 聚酯保暖羊毛，又利用台湾地区的织染工厂，及深圳的 YKK 拉链头（见图 1）。最后，如果设计、采购、生产和物流的成本能维持在 10 美元以下，这项生意将会有利可图。由于制造衣服的技术十分复杂，包括隔热、防水、拉链等，利丰与金宝贝和各地负责部分工序的工厂经常接触。广泛的环球网络大大缩短了生产时间。送货前 5 星期，当利丰接到金宝贝的产品规格，利丰便通知台湾地区的工厂有关外套的款式和颜色。中国大陆拥有大量廉价劳工和成本效益的生产能力，是进行"切割、制造、修剪"和最后的工序最佳的地方。由于时间紧促，位于广东和浙江的三间工厂负责全部材料的运送和装配。利丰指定每间工厂运用各自 30%—80% 的总生产力去装配外套。因此，利丰为金宝贝控制采购和生产成本，提高生产效率，确保成本效益和高毛利。

　　利丰向每间参与的工厂分配一队技术人员和质量控制员，监察生产过程并确保产品达到测试要求。有瑕疵的产品会被核查且不会出售。当第一批次的保暖外套完工，利丰便审查该产品。然后，产品运送到

装配
中国大陆

内衬
中国台湾

外壳
韩国

by
Made in Hong Kong

填料
中国大陆

商标、松紧带、
套索扣和细绳
香港地区

拉链
日本

图 1　无国界生产（数据源：Li & Fung Research Center 2003: 121）

金宝贝进行认可。利丰在合适地方和时间分散生产过程。每件保暖外套看来好像在同一间工厂生产，一模一样。虽然每一件外套都标明"中国制造"，其实它是"环游全世界"（Fung et al. 2008: 184）。还有，利丰提供补充服务，消除市场错配，例如购买错误产品和进货太多过时产品等（Li & Fung Research Center 2003: 123）。在新一季开始之前，每件外套都附上价格卷标，然后，把它们装入标准集装箱内，运送到北美洲 600 多个零售商和 140 个出口公司（http://www. gymboree. com/，取于 28 January 2011）。

金宝贝对于利丰的高质素、有效率、成本效益及环球经济协调感到惊讶。金宝贝考虑使利丰成为它的"耳目"。[1] 利丰能跟进最新原材料、

---

[1]　金宝贝推销规划及设计副总裁 Laura Willensky 说："利丰是我们的眼睛和耳朵。"（http:// www. time. com/time/magazine/article/ 0,9171,1115648,00.html, 取于 3 August 2010）

技术和时装潮流信息，提供定期在职训练，探访各国时装都会，如伦敦和巴黎。利丰为金宝贝预测来年的时装潮流。因为利丰的环球企业家精神，使到各地的供货商、生产商和消费者都得到联系和协调。未来，金宝贝将会继续与利丰合作，并扩充不同市场的业务，包括鞋、发饰、雨伞和童装非衣服产品。金宝贝高级副总裁 Mike Mayo 说："我们只要将产品规格要求送到代理人利丰的手中。产品规格数据便进入利丰的计算机系统，然后被输出到全球不同地点，包括印度尼西亚、曼谷、新德里或首尔，由各地不同的工厂竞投生产，如此便能取得当地最好的价钱。"（Fung et al. 2008: 117）。利丰协调各生产程序。简单而言，利丰为顾客清除了采购、生产和分销的烦扰，从而为贸易伙伴减低信息成本。

六、结论

本文利用奥地利经济学派的国际协调理论了解利丰的商业动态。在环球市场内，计划不协调和互相不信任是常见的。国际企业家协调环球商业活动。这些企业家不单是中间人，也是知识创造者。他们传递和创造知识，发挥企业家精神，改善人类福祉。

利丰是全球最大消费品供货商之一。它生产不同产品，并没有拥有太多任务人、原材料、机器或工厂。相反，利丰采用和联系世界上不同地方最有效率及最廉宜的生产程序，赚取企业家应得的利润。一班具有动力的企业家，如利丰，整合来自分散世界每个角落的知识，令香港逐渐转变为一个世界性知识枢纽。

参考文献

Casson, Mark. *The Entrepreneur: An Economic Theory*. Oxford: Blackwell, 1982.

Chang, Ben and Joseph Phi. "The IDS Story: Reinventing Distribution Through Value-Chain Logistics". In Hau L. Lee and Chung-Yee Lee(eds.) *Building Supply Chain Excellence in Emerging Economies*. New York: Springer, 2007, pp. 367-390.

Cheng, Leonard K. "Li & Fung Ltd.: An Agent of Global Production". In Leonard K. Cheng and Henry Kierzkowski (eds.) *Global Production and Trade in East Asia*. Boston: Kluwer Academic, 2001, pp. 317-324.

CNN. (2009, December 9) *The Unstoppable Fung Brothers*. http://money. cnn. com/2009/12/07 /news/international/li_fung. fortune/, access on 21 July 2010.

De Soto, J. H. "Entrepreneurship and the Economic Analysis of Socialism." In Meijer Gerrit (ed.) *New Perspectives on Austrian Economics*. London: Routledge, 1995, pp. 228-253.

Feng, Bang-yan. *100 Years of Li & Fung: Rise from Family Business to Multinational*, Singapore: Thomson Learning, 2007.

Fung, Victor K. "Evolution in the Management of Family Enterprises in Asia". In Gunwu Wang and Wong Siu-lun (eds.) *Dynamic Hong Kong: Business and Culture*. Hong Kong: The University of Hong Kong, 1997, pp. 216-229.

Fung, Victor K. "How to Compete in a Borderless World: Eliminating Borders with Global Networks". *Knowledge Leadership,* Winter 2007: 28-31.

Fung, Victor K, William K Fung and Yoram J Wind. *Competing in a Flat World: Building Enterprises for a Borderless World*. Upper Saddle River, N. J.: Wharton School Publishing, 2008.

Fung, William K. (2003) *Talking to CEOs' Show: Anticipate Change and Reinvent Yourselves is Key to Survival*. http://www. cuhk. edu. hk/ipro/pressrelease/030417e. htm, access on 22 July 2010.

Hagel, John. "Leveraged Growth: Expanding Sales Without Sacrificing Profits". *Harvard Business Review* (October 2002) : 69-77.

Hagel, John and John Seely Brown. *The Only Sustainable Edge: Why Business*

Strategy Depends on Productive Friction and Dynamic Specialization. Boston: Harvard Business School Press, 2005.

Hayek, F. A. "The Use of Knowledge in the Society". *American Economic Review* 35 (1945) : 519-30.

Holstein, William J. "Middleman Becomes Master". *CEO Magazine* 182 (October 2002) : 53-56.

Hutcheon, Robin. *A Burst of Crackers: The Li & Fung Story.* Hong Kong: Li & Fung Ltd, 1992.

Kirzner, I. M. *Competition and Entrepreneurship*, Chicago: University of Chicago Press, 1973.

Kirzner, I. M. *Perception, Opportunity, and Profit*, Chicago: University of Chicago Press, 1979.

Kirzner, I. M. *Discovery and the Capitalist Process*, Chicago: University of Chicago Press, 1985.

Knight, Frank H. *Risk, Uncertainty, and Profit*, New York: Houghton Mifflin, 1921.

Lachmann, L. M. *Capital and its Structure*, Kansas City: Sheed Andrews and McMeel, Inc, 1956.

Li & Fung Limited. (2009) *Annual Report 2009.* http://www. irasia. com/listco/hk/ lifung/ annual/ar55263-e00494.pdf, access on 23 July 2010.

Li & Fung Research Center. *Supply Chain Management − The Practical Experience of the Li & Fung Group (Text in Chinese)* , Hong Kong: Joint Publishing (H. K.) Ltd, 2003.

Long, Diane and Richard Seet. "Li & Fung (A) " , *Harvard Business Case Studies*, 9-396-107, 15 April 1996.

Loveman, Gary W. and Jamie O'Connell. "Li & Fung (Trading) Ltd." *Harvard Business School Case*, 9-396-075, 1995.

Magretta, Joan. "Fast, Global, and Entrepreneurial: Supply Chain Management, Hong Kong Style: An Interview with Victor Fung" , *Harvard Business Review*, September-October 1998: 102-114.

Martin, Adam. (2007) "Mises, Kirzner and Knight on Uncertainty and Entrepreneurship: A Synthesis." Workingpaper, http://adamgmartin. com/Site/Working%20Papers/ B1F9899F-6D08-43B9-A8A7-E2B6FA 0644EC. html, access on Feb. 25, 2008.

McFarlane, Franklin W. and Fred Young. (2002) "Li & Fung (A) : Internet Issues." *Harvard Business School Case*, 9-301-009, 2002.

Mises, Ludwig V. *Human Action*, 3rd edition, Chicago: Contemporary Books Inc, 1949 （译文：米塞斯著，夏道平译:《人的行为》上册，台北：远流出版社，1991 年。）

Quelch, John A and Bartlett, Christopher A. *Global Marketing Management: A Casebook*, Mason, OH : Thomson/South-Western, 2006.

Reekie, W. Duncan. *Markets, Entrepreneurs, and Liberty: An Austrian View of Capitalism*, Brighton, Sussex: Wheatsheaf Books, 1984.

Schutz, A. and T. Luckmann. *The Structures of the Life World*. Vol. II. Evanston: Northwestern University Press, 1989.

Slater, Joanna. "Masters of the Trade." *Far Eastern Economic Review*, July 22, 1999, pp.10-13.

Telegraph (2008, June 1) *Li & Fung - the Made in China Giant You Have Never Heard of*. http://www. telegraph. co.uk/finance/newsbysector/retailandconsumer/2790870/ Li-and-Fung-the-Made-in-China-giant-you-have-never-heard-of. html, access on 3 Aug 2010.

Time (2007, November 15) *Exports: Trading Up*. http://www.time.com/time/ magazine/article/ 0,9171,1115648,00.html, access on 3 August 2010.

White, L. H. (1976) "Entrepreneurship, Imagination and the Question of Equilibrium." In Littlechild, S. (ed.) *Austrian Economics*, vol. III. Aldershot: Edward Elgar, 1990, pp. 87-104.

Wind, Yoram, Victor Fung, William Fung. "Network Orchestration: Creating and Managing Global Supply Chains Without Owning Them." In Paul R. Kleindorfer and Yoram J. Wind (eds.) *The Network Challenge: Strategy, Profit, and Risk in an Interlinked World*. New Jersey: Wharton School Publishing, 2009, pp. 209-315.

Yoshino, Michael Y. and Anthony George. (1998) "Li & Fung (A) : Beyond 'Filling in the Mosaic' -- 1995-98." *Harvard Business School Case* 9-398-092, 1998.

Yu, Tony Fu-Lai. "Entrepreneurial Alertness and Discovery", *Review of Austrian Economics* 14, no. 1 (2001) : 47-63.

Yu, Tony Fu-Lai and Diana S. M. Kwan. "Learning, Catching Up and the International Economic Order: The Trilateral Relationship between China, Britain and Hong

Kong in the Entrepreneurial Perspective." In Tony Fu-Lai Yu (ed.) *East Asian Business Systems in Evolutionary Perspective: Entrepreneurship and Coordination*, New York: Nova Science Publishers, Inc., 2003, pp. 67-88.

移动互联与大数据时代

大数据时代是否冲击哈耶克的理论？

袁伟基 朱蕴龄

哈耶克的理论认为，中央计划的市场永远无法替代公开市场的效率，因为任何个人、组织或政府都只能掌握一小部分的市场信息。哈耶克的理论没有信息和知识之间的区别，对他来说，通过市场价格的信息会使人们发现隐藏的市场机会，因此允许社会发展和形成知识。哈耶克的理论突出市场价格波动的动态性，在一个信息分散的动态经济体系中，只有公开市场能使信息传遍社会，以自发性的自我组织原则来引领经济活动到正确的方向上运行。哈耶克（1945）在文章"信息在社会中的应用"中提到"在有限的资源下，数以万计的人在没有秩序指挥者的情况下，在不知道原因的情况下，为了能更有效使用资源而工作；也就是说，他们朝着正确的方向"。但大数据时代已经到来，现代的软件工具可从各种各样类型分散的动态大数据中，快速抓取、管理和处理，并获得有价值的信息。大数据时代正在对哈耶克的理论发出挑战，大数据软件工具正在尝试为个人、组织或政府掌握市场有价值的信息，并引领经济活动的方向。本文希望探讨的问题是"大数

---

* 袁伟基，香港树仁大学经济与金融系；朱蕴龄，香港树仁大学经济与金融系。

据时代是否冲击哈耶克有关市场使有价值信息引领经济活动的理论？"

本文分为四部分，第一部分叙述何谓大数据及大数据如何影响社会运作。第二部分探讨哈耶克有关有价值信息引领经济活动的理论及回顾不同学者对其理论的解读。第三部分讨论大数据时代是否冲击哈耶克有关公开市场使有价值信息引领经济活动的理论。第四部分是结论。

一、大数据时代

何谓大数据？

在 2013 年波士顿的大数据创新峰会上信息产业界，归纳出大数据具有 5V 的特点：Volume（海量数据）、Variety（多样类型）、Velocity（处理速度快）、Veracity（准确性高）、Validity（有效性高）和 Volatility（挥发性低）。具体来说，大数据的特点是海量数据和多样类型。人们使用互联网时会留下各种信息和足迹，如使用各种社交媒体时留下的点击、文字、相片和视讯等。谷歌每月的搜索点击量是 120 亿次（2014 年数据），脸书每月的活跃用户总数有 13.1 亿（2012 年数据），百度导航每天提供的数据若要打印出来将需要逾千亿张 A4 纸（2015 年数据），互联网数据量之大由此可见。虽然数据海量和类型多样，但处理数据的速度却非常快，准确性和有效性也十分高。大家每天使用互联网搜索引擎时会发现搜索引擎变得愈来愈聪明，我们只要输入部分关键词，搜索引擎便会自动和快速地搜索出我们需要的相关数据。这归功于大数据系统快速分析人们使用搜索引擎的海量数据，准确预测我们需要搜索的相关数据，并改进搜索引擎的效率。所谓挥发性低，是指存在于互联网上的数据会流传一段长时间，令我们可在互联网上搜索到数年前的信息。

从大数据 5V 的特点思量，我们不难发现大数据与哈耶克所描述的市场信息特点十分相似。大数据的特点是海量数据和多样类型，而哈耶克所描述的市场信息是一个大量信息分散的动态经济体系。大数据由计算机、软件及计算模型发挥大数据快速、准确和有效的特点，而哈耶克所描述的信息是由公开市场发挥出引领经济活动的功能。当然两者最大的分歧是哈耶克相信市场的效率远胜于数学模型的能力，相对的大数据却推崇数学模型的预测能力，并提出大数据如何影响社会经济活动运作。

大数据如何影响社会运作

大数据在经济活动、信息发放，和国家发展等领域都正在影响整个社会运作。最传奇的例子莫过于美国连锁零售商场"靶标"（TARGET），"靶标"公司使用大数据研发出一套"女性怀孕预测模型"。这个模型会列出多种孕妇最有可能购买的产品，从女性消费群组购买行为的改变，来计算出她们怀孕的可能性。模型一旦推测消费者可能怀了孕，就会寄出相关商品的促销广告。美国消费者新闻与商业频道（CNBC）于 2014 年 4 月 9 日更以"大数据知道你怀孕了（而这还不是全部）"为标题，探讨大数据如何影响我们的日常生活。大数据不断地收集我们的公共记录和社交媒体活动等，包括我们买的东西，访问的网站，再加上数以千计的信息。该数据通过复杂的算法，这些计算器程序可以预测我们的付账能力。

现代的零售业普遍已建立计算机销售管理系统，透过分析系统所回传的数据，零售商可分析哪些商品在什么时段热卖，这样的数据可以应用于产品物流配送、供货商分类管理和消费者购买行为分析，从消费者购买商品的行为，可推荐消费者较感兴趣的商品，所谓"精准广告"，以提高商品的成交率。

大数据在信息描述和判断方面，也带来革命性的变化。《卫报》网页 2012 年 1 月 5 日在发布一个有关中东的抗议活动互动时间表的新闻时，描述社交网络流言传播的过程。通过大数据追踪分析 260 万份社交网络的内容，利用动态图表描述了从流言开始传播到辟谣结束的过程，人们可以清楚地看到流言发布者、发布日期、转发人数等信息。美国在线视频供货商 Netflix 公司的政治剧《纸牌屋》能赢得三届艾美奖，这归功于大数据的分析。Netflix 分析了数百万观众收看节目的习惯，从中知悉节目受欢迎的特质，经过多少季观众才培养出收看的习惯，以及剧集的哪些对白观众最感兴趣。

大数据在国家发展方面，可提供有效发展的政策建议设计蓝本。世界银行于 2014 年 10 月 30 日发布了"大数据促进国家发展报告"，探索大数据在经济发展政策方面的潜力。该报告制定了一个大数据发展领域的概念框架，并提供了多个研究案例。对于经济政策的适时设计，决策者希望有可靠的统计数据，让各部门不断监测经济活动，最好是在实时计数。然而，一个公认的问题是，决策者在做决策时，能用的实时经济数据存有严重的滞后。以哥伦比亚为例，公布的领先经济指标有 10 个星期的平均滞后。在此框架下，财政部在哥伦比亚省利用被称为"谷歌趋势"的谷歌搜索统计工具提供同步指标，以寻找和追踪经济活动的短期趋势。在卢旺达和阿富汗的项目上华盛顿大学教授乔舒亚利用"呼叫详细记录（CDR）"来追踪人口流动的模式，包括季节性和临时性迁徙的形式。在追踪使用手机数据来判断劳动力市场变化的研究上，现在可套用在劳动力市场进入均衡的有效发展政策上的设计。印度尼西亚雅加达市于 2011 年 3 月和 2013 年 4 月期间，利用 Twitter 数据跟踪 2000 万用户的食品价格通胀情况，报告的结论表明了官方食品通胀统计数据和食品价格上涨之间的关系。研究案例显示社交媒体数据可分析民情并具有分析客观经济条件的潜力。虽然大数据正在影响经济活动，但大数据仍存在很多问题，大数据只检测相关性，它从来没有告诉我们那些相关性的意义。因此大数据只提供一种辅助信息，但不能替代市场信息。

二、哈耶克的理论

哈耶克有关信息的理论

哈耶克（1945）在文章"信息在社会中的应用"中提出一个有关经济秩序的问题："当我们试图构建一个理性的经济秩序，我们希望解决什么问题？"哈耶克在该文章的第519页中，阐述了他"在'熟悉的假设'上的看法，如果我们能拥有所有相关完整的信息、如果我们能够跟从喜好，如果我们能支配可用的手段，纯粹按照逻辑，答案必隐含在我们的假设中。有关经济秩序问题的解决方案可说是能够完完全全制定出来，以简短的答案写成，配合适切的数学形式条件：即使任何两种商品或要素的用途各有不同，但是它们的边际替代率必须相同。"当然在哈耶克眼中，这个所谓"熟悉的假设"基本上并不真实。在文章中哈耶克继续写道："然而，这断然不是现实社会面对的经济问题。虽然我们已经开发了经济算法来解决这个逻辑问题，在解决社会的经济问题上迈出重要的一步，但还没有提供答案。原因是，经济数据的演算绝不是社会给予，更不是以一个单一的头脑可能制定出的。"哈耶克在文章中继续阐述他的哲学"理性经济秩序问题的特殊性质在于，我们必须利用的信息永远存在于浓缩或综合形式中，且经常互相矛盾和分散，所以单独拥有的信息是不完整的。"

哈耶克强调，经济体系的动态性，以及数据模型所得出的均衡点无助解决现实社会所面对的经济问题。哈耶克认为恒定数据的均衡状态的确可以通过反复试验的方法来接近，但是这远离现实世界，只有在不断变化的规则情况下才可达到（哈耶克1940年，第123页）。哈耶克（1945）在"信息在社会中的应用"一文中慨叹经济数据算法掩盖了许多经济理论的新改进。由此看来，哈耶克不相信数据模型可助解决现实社会面对的经济问题。人们生活在不断变化的世界中，人们主观的"口味"每时每刻不断地变化；而社会的技术正在不断改变，皆因人们不断创新。市场竞争本身提供了大部分的激励机制："利润为诱因"（哈耶克1935年，第108页），以适应和创新。

不同学者对哈耶克有关信息理论的解读

布赖恩教授在《思想和经济学家的方法》（第38页）中提到"许多经济学家都自称分析信息，但相对的很少有人会仔细考虑信息的问题。在信息分析方面哈耶克最为杰出"。马赫卢普在1974年12月的瑞典经济学杂志中发表了一篇"哈耶克对经济学的贡献"的文章，马赫卢普教授认为哈耶克最重要的思想在于建立了信息的角色。信息在人民群众中扩散，而他们心中的信息不会提供给任何中央机构或任何一组决策者，可是充满竞争的市场机制会提供信息，因此没有人有权决定价格、就业、生产和投资。

加州大学伯克利分校的布拉德福教授认为，回首七十年代共产主义的轨迹，所有经济学家以至那些敌视哈耶克的大多同意哈耶克的说法是正确的，自由可激励民众对信息采取有效的行动。

伦敦政治经济学院的理查德·布隆克教授在文章"哈耶克对价格的智能：重新评估"中提出，哈耶克认为只有通过不受干扰的市场运作和价格体系，我们才可以发现有关的喜好、成本和需求的信息，这就是我们需要做正确决策时的市场信息。该信息往往可以是分散的、主观的和隐性的；或者它可以是尚未被任何人发现的。布隆克教授认为哈耶克的经济信息理论提出了用价格体系来解释信息认知的问题。

迦勒麦克米兰（2013）在文章"信息在加拿大银行的使用"中提出价格体现了信息，并引述哈耶克写道，"相关事实的信息是一个分散的系统，价格可以起到协调不同人的单独行动的作用，以同样的方式利用主观价值来帮助个体协调。人们并不需要时间和地点的具体情况，只需要价格的信息，一个价格可为任何商品带来解决方案，可能已到达了一个单一的头脑拥有所有实际上是分散在所有参与者之间的信息"。

可是在使用之前价格本身通常需要解释，因为价格的意义，是默契和分散的信息。哈耶克亦承认，市场价格本身并不能提供需要的所有信息，"市场的经验和信息进化的过程很慢，产品在使用过程中已经沉淀了信息，任何一个人很难能完全了解"（哈耶克 1967c[1965]92）。究竟现代互联网世界在信息进化的过程中，会否冲击或优化哈耶克的市场价格信息，从而引领经济活动的理论？

三、现代互联网世界对哈耶克理论的回响

虽然哈耶克与当时大部分的知识分子一样，没有预见到互联网和大数据时代的出现，但是他在 1978 年《自由的宪法》一书第 216 页中，给了一个未来技术的预视，他写道："……在这个时代，精神控制的技术可能快速增长，可能出现政府支配的权力大于个人的权益，人类自由的最大威胁可能仍然存在于未来。"由此看来，哈耶克不但不相信互联网和大数据有助解决现实社会面对的经济问题，更进一步认为大数据会损害自由。《金融时报》于 2012 年 12 月 14 日"大数据宝库"一文中表示，不同意哈耶克理论中关于技术快速增长可能出现支配的权力大于个人的权益，从而威胁人类自由的见解。文章认为信息革命

使数据更易于集中分析，但同时也给予个人更多信息来行使经济自由，例如价格比较，因此利伯维尔场将继续跑赢中央计划经济。

霍奇森（1999）认为哈耶克的信息理论所陈述的问题，不单只是信息的动态性和分散性的问题，他认为就算以现代计算器的能力也不可能指导经济活动。主要原因有三：一、许多所需要的信息是主观的和隐性的，不能用编撰形式随时提供给计算器；二、信息是由无数市场参与者在一个复杂和多面的世界上所创造的，任何一个角度或理论框架都是不可能复制的；三、计算器不可能知道人们的主观价值。

罗伯特·萨博于 2014 年 2 月 16 日在"大数据有什么大不了？"一文中提出一个问题："大数据能否解决哈耶克有关信息波动的问题？"罗伯特认为大数据的概念证明，分布的信息可以聚集并通过集中和正确的数据管理来帮助决策，此举表明大数据正在"边缘化"哈耶克有关信息波动的理论。但罗伯特认为实现大数据全部潜力前，要解决大数据在准确性和隐私性上的障碍。大数据的问题是太多数据，太多分析，出现太多答案，结果成为决策的障碍。由此看来，罗伯特是支持哈耶克有关信息的动态性和分散性的见解的，正如罗伯特在文中写道："……信息是 21 世纪的黄金，但要记住，黄金价格是非常波动的。"

事实上，不仅是黄金，几乎所有的金融市场都非常波动，这使我们想到了 2008 年的金融危机，当涉及信贷紧缩，价格会否提供严重的错误信息？安德鲁宝洁教授在 2006 年的文章"哈耶克知识，经济和社会"中指出，哈耶克低估了信息的不确定性和简单化应对的方式，当面对不确定性因素时，每个人都只会用自己缺乏确凿的感觉向前，由于没有单一未来的正确信息以固定期望，信息可能得出的结果十分广阔，价格的反映可能只是我们分散的信息和我们想象的将来。凯恩斯亦提醒我们，在不确定的投资环境下，人们通常会诉诸"传统"方法，如"群众心理"和"乐观和悲观情绪等"（凯恩斯 1936 年，第 152，154 页）。换句话说，在不确定的条件下，价格往往不能反映分散的信息，而只是情感和共享的约定或叙述的主观信息。相对的，大数据主要是现代互联网编撰的形式，通过数据模型提供信息，因此大数据可以提供客观信息，以填补缺失的主观信息来固定期望，这正是优化了哈耶克的市场价格信息引领经济活动的理论。哈耶克有关信息的理论亦认为，数据演算经济活动虽然在解决社会的经济问题上迈出了重要的一步，但还没有提供答案。

四、结论

在 1945 年的《信息在社会中的运用》一书中，哈耶克主张利伯维尔场的价格机制可以用来交流和协调社会的信息，以自发性的自我组织原则来引领经济活动。哈耶克的理论突出市场价格波动的动态性，在一个信息分散的动态经济体系中，任何个人、组织或政府都只能掌握一小部分的市场信息，只有利伯维尔场能使信息传遍社会，引领经济活动在正确的方向上运行。

大数据正在尝试为个人、组织或政府提供市场上有价值的信息。大数据在经济活动、信息发放和国家发展等领域都正在影响整个社会运作。但大数据仍存有不少问题，大数据只能检测信息的相关性，它从来没有告诉我们那些相关性的意义。因此大数据只提供一种辅助信息，不能替代市场信息。再者，太多数据，太多分析，会出现太多答案，结果成为决策的障碍。

最后本文认为大数据不会冲击哈耶克有关公开市场使有价值信息引领经济活动的理论。相反大数据可以提供客观信息，以填补缺失的主观信息来固定期望，这正是优化了哈耶克的市场价格信息引领经济活动的理论。哈耶克亦认为，数据能演算经济活动，只是在解决社会的经济问题上迈出了重要的一步，但还没有提供答案。

参考文献

罗伯特·萨博:"大数据有什么大不了?",2014年。

卫报网页:"中东的抗议活动互动时间表",2012年1月5日。

凯恩斯:《就业、利息和货币通论》,1936年。

理查德·布隆克:"哈耶克对价格的智能:重新评估",2013年。

马赫卢普:"哈耶克对经济学的贡献",1974年。

迦勒麦克米兰:"信息在加拿大银行的使用",2013年。

美国消费者新闻与商业频道:"大数据知道你怀孕了(而这还不是全部)",2014年4月9日。

哈耶克:《自由的宪法》,1978年。

哈耶克:"信息在社会中的应用",1945年。

哈耶克:"社会主义的计算(三):作为一种'解决方法'的竞争",《个人主义与经济秩序》,1940年。

哈耶克:"社会主义的计算(一):问题的性质与历史",《个人主义与经济秩序》,1935年。

金融时报:"大数据宝库",2012年12月14日。

安德鲁宝洁:"哈耶克知识,经济和社会",2006年。

世界银行:"大数据促进国家发展报告",2014年。

哈耶克 VS 安·兰德

安·兰德其人、其思想及其与哈耶克的对立

冯兴元[*]

安·兰德（1905—1982）是美籍俄裔小说家、戏剧作家、电影剧本作家和哲学家，以其小说和哲学闻名于世。兰德的客观主义哲学思想影响巨大，但是接触兰德思想者对其则褒贬不一。她的小说和哲学著作激发和成就了很多企业家。甚至连政治企业家、前美联储主席格林斯潘也是她的超级粉丝。

但是，学术界仍然缺乏对兰德思想的研究，中国的情况尤甚。本文简单分析兰德其人与其思想。此外，鉴于笔者个人对著名自由主义思想家、1974 年诺贝尔经济学奖得主哈耶克的学术兴趣，本文也对兰德与哈耶克的思想对立略作探讨。

安·兰德其人

我对安·兰德思想的关注始于 2007 年。那年九鼎公共事务研究所

* 冯兴元，中国社会科学院农村发展研究所研究员，中国社会科学院研究生院教授。

与美国加图研究所合作开展兰德的小说中译本《阿特拉斯耸耸肩》的宣讲与研讨活动。我们在上海和北京各选择一家书店举行《阿特拉斯耸耸肩》图书推荐品读会，又在九鼎公共事务研究所举办了该书的研讨会。2014 年美国安·兰德研究所执行所长亚龙·布鲁克（Yaron Brook）博士又来九鼎所主讲他的中译本新书《自由市场革命：安·兰德的思想》。

兰德后来的个人职业选择和作为小说家和哲学家的事业成功，与其此前的志趣和教育有关。兰德 8 岁开始练习写剧本，10 岁开始练习写小说，中学时已经对政治感兴趣，喜欢与自己的一位女友辩论政治，支持共和主义思想。[1] 在高中的时候，兰德自认为是无神论者，并且把理性珍视为最高的美德。十月革命之后，兰德进入彼得格勒国立大学，攻读社会教育学系历史专业。在那时候接触了亚里士多德和柏拉图的哲学思想。大学期间她在文学上的主要阅读对象是弗里德里希·席勒、费奥多尔·陀思妥耶夫斯基和爱德蒙·罗斯坦德（Edmond Rostand）。她也接触了尼采的哲学理念，极为欣赏他在《查拉图斯特拉如是说》一书里所表达的对信奉利己主义、并反对利他主义的独立个人的英雄式崇拜。[2] 但后来在她接触了更多尼采的作品、发现他的哲学中心思想是"强权即真理"后，便相当厌恶他的哲学观。1924 年兰德大学毕业，又在列宁格勒国立屏幕艺术技术学院学习了一年的剧本写作。这些志趣和经历其实构成了兰德后来发展的与众不同的初始条件和路径。

1925 年秋天，兰德离开苏联，到美国探望亲戚，其后滞留美国。其最好的归属地本来就非美国莫属。她从苏联的环境到美国崇尚个人

---

[1] Sciabarra, Chris Matthew, *Ayn Rand: The Russian Radical*, University Park, Pennsylvania: Pennsylvania State University Press, 1995, pp. 69, 367-8; Gladstein, Mimi Reisel, *Ayn Rand,* Major Conservative and Libertarian Thinkers series, New York: Continuum, 2009, p. 2.

[2] Nietzsche, Friedrich, *Thus Spake Zarathustra*, trans. Alexander Tille, New York and London: Macmillan, 1896.

主义的环境，如鱼得水。正如兰德的法律和知识遗产继承人佩柯夫·纳伦德所言，在本质上看，美国是由利己主义者所创建。他认为，"开国之父们预想的这片大陆是自私自利和追求利润的——也就是一个自力更生者、个人、自我、'我'的国家"。[1]

兰德的成名是从写小说开始，后来才转向哲学研究，创立了客观主义哲学，发动了客观主义运动。她1943年因发表小说《源泉》（*The Fountainhead*）而一举成名。此前发表的两部小说则并不成功。《源泉》一书至今仍以每年超过10万册的数量再版，目前已经销售了650多万册。印在《源泉》最初扉页上的主题语为："Man's ego is the fountainhead of human progress"。也就是说："人的自私是人类进步的源泉"。1957年兰德出版了她著名的小说《阿特拉斯耸耸肩》（*Atlas Shrugged*）。该书是她最负盛名的杰作。该小说被誉为对美国影响最大的10本书之一，累计销售大约875万册。1991年，一项为国会图书馆和每月图书俱乐部举办的调查项目对该俱乐部5000名成员就最影响其一生的图书问题进行了调查，其结果是《阿特拉斯耸耸肩》的影响力仅次于《圣经》，两者的影响力远远超过排名在后的其他图书。

出版《阿特拉斯耸耸肩》之后，兰德转向严肃思想方面的写作，开始发表其客观主义哲学文章和文集。其核心思想其实见于《源泉》和《阿特拉斯耸耸肩》。这些小说中刻画了一些个人英雄主义人物。而其客观主义哲学思想往往体现在小说主人公的对话中。比如兰德在其哲学著作中，会不时引用小说《阿特拉斯耸耸肩》里的个人英雄主义人物高尔特发表的精彩观点。而这些观点忠实反映了兰德自己的哲学观点。

安·兰德与米塞斯、罗斯巴德和黑兹利特等奥地利学派经济学家

---

[1] 伦纳德·佩柯夫："商人为什么需要哲学"，载安·兰德等著，吕建高译：《商人为什么需要哲学》，北京：华夏出版社，2007b年，第4页。

均有过交往。他们均主张自由放任。她把自由放任资本主义视作为"基于承认个人权利的体系"。[1]而且恰恰通过黑兹利特把兰德介绍给米塞斯。[2]尽管兰德的哲学观点与两者不同,但是她在一生中支持两者的著述。兰德在政治上将动用武力视为不道德,反对集体主义与国家主义,也反对无政府主义。这里也看到兰德与罗斯巴德的分歧。罗斯巴德属于无政府主义者,兰德则不是。著名自由主义思想家、1974年诺贝尔经济学奖得主哈耶克也同为奥地利学派重量级人物,虽然被很多世人视为古典自由主义思想的捍卫者,但在某种程度上被米塞斯、罗斯巴德和兰德视为"干预主义者",因而受到差别待遇,为兰德所痛恨。

兰德注定是个不平凡的人,她反对平庸化,崇尚英雄主义人物。托克维尔早在他的年代曾经强调身份的平等化不可阻挡:"身份平等的逐渐发展,是势所必至,天意使然的。这种发展是普遍和持久的,它时刻都能摆脱人力的阻碍,所有的人都在促使它前进,这也是它具有的主要特征"。[3]而与平等话相伴随而至的是平庸化。兰德崇尚英雄主义,坚持己见,抵制整个世界朝着集体主义和平庸(mediocrity)化发展的倾向。这一点体现在兰德的小说《源泉》当中。布兰登(Branden)在20世纪40年代初次给兰德写的情书当中,就提到这一点。确实,在整个世界,身份的平等化是不可阻挡的,但是平庸化却不一定是好事。

安·兰德推崇理性,认为人的最高美德便是理性;她不顾传统舆

---

[1] Gotthelf 2000, Gotthelf, Allan (2000), *On Ayn Rand*, Wadsworth Philosophers Series, Belmont, California: Wadsworth Publishing, 2000, pp. 91–92; Peikoff 1991, Gotthelf, Allan (2000), *On Ayn Rand*, Wadsworth Philosophers Series, Belmont, California: Wadsworth Publishing, pp. 379–380.

[2] Burns, Jennifer, *Goddess of the Market: Ayn Rand and the American Right*, Oxford University Press, 2009, pp. 141–43; cf. Branden, Barbara, *The Passion of Ayn Rand*, Garden City, N. Y.: Doubleday, 1986, pp. 168–69, 181n.

[3] 托克维尔著,董果良译:《论美国的民主》,北京:商务印书馆,2014年,第8页。

论的偏见，力倡个人主义，认为不能使个人利益得到最大伸张的社会，就不是理想社会。她所提倡的客观主义哲学自 20 世纪 50 年代起风靡美国校园，影响了几代美国人，她本人也成为美国青年崇拜的偶像。兰德一生著述百余种，根据她的生平拍摄的纪录和故事片《安·兰德：生命的意义》（*Ayn Rand: A Sense of Life*）曾获奥斯卡奖提名。1982 年安·兰德去世后，美国创立了许多兰德书友会和专门研究兰德思想的机构。

安·兰德的客观主义哲学思想

兰德的客观主义哲学主要思想见于《自私的美德》（*The Virtue of Selfishness*）一书中 [1]。"理性自私"（rational selfishness）是个核心的概念。她认为，个人的生命属于个人的终极价值，个人自己的幸福是个人的最高目标。个人应该运用自己的理性去追求自己的幸福，去追求一种人作为人的生存（man's survival qua man）。只有运用自己的理性，才能获取知识；有了知识就要实现多产（productive）；实现了多产后还要从事与他人的交换（trade）[2]，由此实现自尊（self-esteem）和人作为人的生存。与此相反，利他主义（altruism）、自我牺牲（self-sacrifice）、暴力、欺诈，以及基于各种奇想（whims）的行为，均是不理性的，都不能自圆其说。不过，兰德把互利视作"理性自私"的组成部分。

"自私"这个概念是被广泛误解、往往被妖魔化的词语。在《自私的德性》一书中，兰德曾经在"导言"中开门见山回答一些人有关为

---

[1]　Rand, Ayn, *The Virtue of Selfishness: A New Concept of Egoism*, with additional articles by Nathaniel Brancen, New York: Penguin Books Ltd., 1961.

[2]　安·兰德等著，吕建高译：《自私的德性》，北京：华夏出版社，2007a 年，第 15，21 页。

什么要用"自私"两字的提问："为了让你们害怕这个词。"[1] 她引用词典而为"自私"这一概念的本义正本清源："辞典对'自私'一词的定义是：只关心自己的利益。"[2] 对于兰德，"伦理既不是一种神秘的想象，也不是一种社会习惯，也不是一种可有可无的主观奢侈品"[3]，而且，伦理是人的生存的客观必要性，并非拜超自然力量所赐，或者拜邻居所赐，或者拜你的奇想所赐，而是拜生命和本质所赐。[4]

兰德反对从"上帝"和"社会"中去寻找"善"的依据。她认为，公开的神秘主义把随意的、无法解释的"上帝的旨意"当作善的标准，而新神秘主义用"社会之善"取代了"上帝的旨意"，从而进入循环论证式的定义："善之标准就是对社会之善"。[5] 她把生命与人的价值相联系。她借用小说《阿特拉斯耸耸肩》里高尔特的话表达了自己的观点："只有'生命'的概念才能让'价值'的概念成为可能。只有对生命体才有善恶可言。"[6] 她认为，只有生命体才能拥有或者创造目标，才有自发的、有目的的行动，[7] 包括人在内的有机体的生命就是其价值的标准：延长生命即为善，威胁生命即为恶。[8] 只有终极目标，只有自身的目的，才使得价值的存在成为可能。[9] 因此，兰德提出的客观主义伦理学的价值标准，是人判断何为善恶的标准，是人的生命或者说是人作为人而生存所必需之物。[10]

安·兰德认为，知觉（perception）和意识（consciousness），尤其

---

[1] 安·兰德："导言"，载安·兰德等著，吕建高译：《自私的德性》，北京：华夏出版社，2007a 年，第 1 页。

[2] 安·兰德："导言"，同上，2007a，第 1 页。

[3] 见《自私的美德》英文版扉页。具体参阅 Rand, 1961。

[4] 安·兰德，2007a；第 12 页。这里的译文与书中中译文略有不同。

[5] 安·兰德，2007a：第 4 页。

[6] 转载自安·兰德，2007a：第 5 页。

[7] 兰德，2007a：第 5 页。

[8] 兰德，2007a：第 6 页。

[9] 兰德，2007a：第 6 页。

[10] 兰德，2007a：第 12 页。

理智（reason）是人的生存的基本方式。[1] 既然如此，适合于理性生命的存在就是善，而否定、反对或者毁灭理性生命的就是恶。[2] 人是通过"愉快或痛苦"的生理知觉第一次意识到形式最简单的"善与恶"。[3] 他的生存却依靠有关的知识，而且只有凭借意志来运用其意识，只有思考过程，才能提供这种知识。[4] 这种思考过程不是自动的，不是"本能"（instincitve）的，不是不情愿（involuntary）的，也不是不犯错的（infallible）。[5] 与此相应，人必须促使责任感产生，保持责任感，并为行动的后果承担责任。他必须发现怎样辨认对错、怎样纠正错误，他必须发现怎样验证他的概念、结论和知识。他必须发现思考的规则、逻辑的规律，以指导其思维。[6] 人需要或欲求的每一件东西都必须靠他自己通过学习、发现和生产来获取，通过他自己的选择、努力和思考来获取。[7]

按照安·兰德的进一步论证，适合理性生命的生存方式需要两个要素：思考和生产性的工作（productive work）。选择不思考者，需要依托他人去思考或发现其需要模仿的动作，但不知道其模仿何者，后果如何，最终容易走向灭亡[8]。

兰德反对武力或欺诈。她认为，依赖武力或欺诈这种非理智方式来生存者，也许能够暂时实现其目标，但必须以毁灭为代价：毁灭他们的受害者以及他们自己。兰德认为，只需要举出任何罪犯和独裁者作为证据，就可以证明这一点。[9]

---

[1] 兰德，2007a：第7、10页。

[2] 兰德，2007a：第12-13页。

[3] 兰德，2007a：第7页。

[4] 兰德，2007a：第11页。

[5] 兰德，2007a：第11页。这里的译文部分不同于原中译文。

[6] 兰德，2007a：第11页。

[7] 兰德，2007a：第11页。

[8] 兰德，2007a：第13页。

[9] 兰德，2007a：第13页。

兰德反对利他主义（altruism）。她认为，利他主义逃避了对道德价值规范的定义，因而就失去了道德指引。利他主义声称，为他人的利益而采取任何行动都是善，为自己的利益而采取任何行动都是恶。这样，谁是行动的受益者就成为道德价值的唯一标准。只要受益者是除自己之外的任何人，任何事都可接受。[1] 其结果是，道德是个人自己的敌人。除了损失，个人自己从中一无所获。个人能期望得到的一切就是：自己造成的损失，自己造成的痛苦，以及一种不可理喻的责任带来的令人虚弱的阴沉气氛。他个人的、私密的、"自私的"生活以及诸如此类的东西，要么被视为罪恶，要么顶多被视为与道德无关。[2] 兰德认为，如果关心自己的利益是罪恶，那么这就意味着人渴求生存的欲望是罪恶，由此人的生活也是罪恶。她进而断言，再没有比这更邪恶的信条了。[3] 按照她的观点，利他主义不允许人自重、自立，不允许人靠自己的努力而非牺牲自己或他人来支撑生活，只允许人成为献祭的动物和从献祭中获利的投机者，也就是成为受害者和寄生虫；利他主义不允许人类彼此仁爱共存（benevolent co-existence），不允许公正概念的存在。[4]

兰德反对自我牺牲。兰德指出："客观主义伦理学认为，人类的善并不要求人们自我牺牲，它也不是通过一些人为另一些人的牺牲而达到的。它认为人类的合理利益并不会相互冲突。如果人们不去欲望不该得的东西，既不自我牺牲也不接受他人的牺牲，并彼此以商人相待，那么他们的利益就不会彼此冲突。"[5] 她认为，"对所有人类关系而言，无论是个人的还是社会的、私人的还是公共的，交换的原则是唯一的理性主

[1] 兰德，2007a：第 2 页。

[2] 兰德，2007a：第 3 页。

[3] 兰德，2007a：第 3 页。

[4] 兰德，2007a：第 3 页。

[5] 爱因·兰德著，秦裕译：《新个体主义伦理观——爱因·兰德文选》，上海：上海三联书店，1993 年，第 30 页。

义伦理原则。这是正义的原则。"[1] 这个逻辑链是完整的、世俗的、自我中心的。她信仰自己的理性，而不是信仰（faith）和宗教。她主张理性自私和自私伦理，拒绝利他主义。但她并不反对互利，把互利作为理性自私的内在内容。兰德反对为他人而牺牲，也反对他人为自己而牺牲。她认为这种牺牲有损于人的自尊（self-esteem）。

兰德认为，客观主义伦理学的三个重要价值是理智（Reason）、意图（Purpose）和自尊（Self-esteem）。这三种价值一起构成通向终极价值（亦即生命）的途径，并使终极价值得以实现。与这三个价值相对应的美德是：理性（Rationality）、多产性（Productiveness）和自豪（Pride）。[2] 而幸福是一种意识状态，这种意识来自于个人价值的实现。如果一个人看重生产性工作，他的幸福就根据他在一生的贡献中取得的成就来衡量。[3] 所有非理性的情感状态都不能恰当地定义为幸福或者愉快：那种状态只是把他从长期的恐惧中暂时解脱出来。[4] 兰德在《阿特拉斯耸耸肩》中借助高尔特的话道出自己的信念："幸福就是一种无矛盾的愉快状态——这种愉快不会让人遭受惩罚或感到内疚，这种愉快不会与你的任何价值冲突，也不会导致你的自我毁灭……只有理性的人才有可能获得幸福，因为他只想实现理性目标，只追求理性价值，只有在理性行为中才能找到乐趣。"[5] 这种"矛盾律"（也称不矛盾律）就源自亚里士多德的哲学观。在逻辑中，矛盾律把断言命题 Q 和它的否定命题非 Q 二者同时在"同一方面"为真的任何命题 P 断定为假。亚里士多德《形而上学》里的观点为，"不可能认为同一事物在同一

[1]　兰德，1993：第 30 页。

[2]　兰德，2007a：第 15 页。这里的译文部分不同于原中译文。

[3]　兰德，2007a：第 18 页。

[4]　兰德，2007a：第 18 页。

[5]　Ayn Rand and Leonard Peikoff, *Atlas Shrugged*, New York: Plume, 1999. 转引自兰德，2007a：第 18—19 页。

角度既属于又不属于同一事物"。[1]《阿特拉斯耸耸肩》就是利用亚里士多德逻辑学三定律为这本厚厚小说的三大部分命名：矛盾律，排中律（非此即彼），以及同一律（A 是 A）。[2] 从中也可以看到亚里士多德哲学对兰德思想的重大影响，也可以从中感悟为什么兰德把自己的哲学观视作"客观主义哲学"，把自己的认识论称为"客观主义认识论"：这符合矛盾率（不矛盾），排中律和同一律的逻辑要求，是客观的、明确的。

理解了兰德的上述客观主义哲学观，就不难理解她为什么反对形形色色的福利国家体制与做法，赞颂财富的创造者，而非财富的分配者。兰德认为，财富是人类智识的产物，是其创造力的产物。[3] 兰德区分两类人：财富创造者与财富分配者。财富创造者是发现者，他将其发现转换成物质产品。在一个劳动分工复杂的工业社会里，可能就是一个人或两个人的合伙：科学家，他们发现了新知识；实业家（也就是商人），他们发现了如何使用那种知识，如何将物质资源和人类劳动整合进企业，以生产适于销售的产品。[4] 财富占有者完全是不同类型之人。从实质上看，他不具有创造性——他的根本目的就是得到一份由他人创造而自己不劳而获的财富份额。他寻求变得富有，但不是通过征服自然，而是通过操纵人；不是通过智识努力，而是通过社交策略。他不生产，他在重新分配，他只是将已经存在的财富从主人的口袋转移到自己的口袋。[5] 财富创造者的本质特征是独立判断，而财富占有者的本质特征是社会依赖。[6] 财富创造者是发明者和革新者，他的性格中

---

[1] Aristotle, *Metaphysiscs*, Metaph IV 3 1005b, 350 BC.

[2] Rand 等，1999；郑文辉："论亚里士多德形式逻辑基本规律的学说"，《中山大学学报：社会科学版》，1993 年第 3 期，第 53-60 页。

[3] 安·兰德："创造财富的品质"，载安·兰德等，2007b：第 19 页。

[4] 兰德："创造财富的品质"，同上，2007 年，第 19 页。

[5] 兰德："创造财富的品质"，同上，2007 年，第 19 页。

[6] 安·兰德："创造财富的品质"，同上，2007 年，第 20 页。

最明显缺失的品质是顺从，财富占有者则不同。[1] 财富创造者的生活、思想和行为都是长期规划的。而财富占有者的生活和行为是短期规划的。[2] 财富创造者承担作出自己的判断的责任，甘冒适当的风险，[3] 有承当，完全意识到"世界的工作必须要去完成"，知道世界的幸存有赖于他们不懈的努力。[4] 这让人想到兰德的小说《阿特拉斯耸耸肩》当中的阿特拉斯巨神用肩膀扛起地球的形象。[5]

安·兰德与哈耶克的对立

安·兰德和哈耶克同为 20 世纪伟大的自由主义思想家，均崇尚个人自由，而且都是无神论者，但是在很多观念上存在分歧。兰德在 1946 年 8 月 21 日给罗斯·维尔德·雷恩（Roase Wilder Lane）的一封回信中回复了雷恩提出的"那些几乎和我们在一起的人，是否比 100% 的敌人更为有害"这样一个问题。兰德的具体答复是："那些在某些方面同意我们的观点，但同时宣扬相冲突思想的人，绝对比 100% 的敌人更为有害。"她补充道，"比如米塞斯作为一个几乎和我们在一起的人，我尚可忍受……要举例说明我们最有害的敌人，当推哈耶克。那人是真正的毒药。"[6]

在罗伯特·梅修（Robert Mayhew）所编辑《兰德边注集》中，收录了兰德在其阅读哈耶克《通往奴役之路》时所做的大约 93 个边注。

[1] 安·兰德："创造财富的品质"，同上，2007 年，第 20 页。

[2] 安·兰德："创造财富的品质"，同上，2007 年，第 22 页。

[3] 安·兰德："创造财富的品质"，同上，2007 年，第 21 页。

[4] 安·兰德："创造财富的品质"，同上，2007 年，第 25 页。

[5] Ayn Rand and Leonard Peikoff, *Atlas Shrugged*, New York: Plume, 1999.

[6] Mayhew, Robert (ed.), *Ayn Rand's Marginalia: Her Critical Comments on the Writings of over 20 Authors*, New Milford, Conn.: Second Renaissance Books, 1996, p. 145.

其中多个边注包含对哈耶克的侮骂，比如"The damn fool"（该死的蠢货）——当然，兰德这些边注本来就是自娱自乐，并不是为了后来出版而写。哈耶克《通往奴役之路》第一章扼要提到"不仅是 19 世纪和 18 世纪的自由主义，而且连我们从伊拉斯谟和蒙田，从西塞罗和塔西伦，伯里克利和修昔底德那里继承来的基本的个人主义，都在逐渐被放弃"，[1] 批评了一些鼓动家所鼓动的"新自由"，即所谓"积极自由"。但是，这种"所允诺的新自由却是摆脱了必然性的自由，是从环境的强制中的解放，这些环境不可避免地限制了我们所有人的选择余地"。[2] 哈耶克进而指出，"在人们能真正获得［这种］自由之前，必须打破'物质匮乏的专制'，解除'经济制度的束缚'"。很显然，这种意义上的自由"不过是权力或财富的代名词"。[3] 哈耶克讲的"19 世纪和 18 世纪的自由主义"，指的是在英国所发展出来的古典自由主义，强调所谓"消极自由"。兰德在哈耶克《通往奴役之路》一书第二章之后空白处写道："19 世纪自由主义错误地把自由、人的权利等等与'为人民而战'，'为被压迫者'，'为贫困者'等等思想相联系。这些使得 19 世纪自由主义成为一种利他主义运动。但是利他主义是集体主义。这是为什么集体主义接管（took over）了自由主义者。"[4] 这里，兰德指的"19 世纪自由主义"是自由主义思潮的总体面貌，包括了哈耶克所指古典自由主义和"新自由"两种分野。这与哈耶克对古典自由主义和"新自由"的区分并没有矛盾。

在很多方面，安·兰德与哈耶克对不上眼。首先是概念定义上的侧重点和看法不同。在《通往奴役之路》序言当中，哈耶克指出："尽

---

[1] 弗里德里希·奥古斯特·冯·哈耶克著，王明毅、冯兴元等译：《通往奴役之路》，修订版。北京：中国社会科学出版社，2013 年，第 41 页。

[2] 哈耶克，2013：第 52 页。

[3] 哈耶克，2013：第 52 页。

[4] Mayhew (ed.), 1996: 148.

管这是一部政治性的书，但我像任何人一样可以肯定，书中所申明的信念，并非取决于我的个人利益"。[1] 哈耶克的意思应该是：撰写此书，"不仅本着个人的利益，而且本着这里很多个人的共同利益"。兰德在边注里指出"为什么一个人应当为'个人利益'而道歉？"[2] 哈耶克在其后写道："对那些依据流行的时尚在每一个政治主张的申明中寻找利益动机的人来说，或许可以容我附带说一声，我有各种合适的理由不必写作或出版这部书。"[3] 兰德在边注里提出了尖锐的批评："这是一个例子，说明了对利益动机的否认导致了对所有利益动机的否认，因此也导致了对个人权利的否认。"[4] 其次是对经济体制的理想模式存在不同的认同。哈耶克在书中反对自由放任资本主义，兰德则支持。比如哈耶克认为："重要的是不要把对这种计划的反对意见与教条的自由放任态度混淆起来。"[5] 兰德边注："上帝啊该死的糟透的蠢货"[6]。哈耶克认为，"计划与竞争只有在为竞争而计划而不是运用计划反对竞争的时候，才能够结合起来"。[7] 兰德边注道："这意味着'计划'可以起作用。该死的蠢货迷失在兜售社会主义的辞藻中。他自己放弃不了'计划'。"[8] 此外，哈耶克支持"一种是有限度的保障，它是大家都能够获得的，因而，不是什么特权，而是人们可以期望的正当目标"。[9] 而且，这种保障属于"防止严重的物质匮乏的保障，即确保每个人维持生计的某种最低需要"。[10] 他认为，"经济保障，像杜撰的'经济自

[1] 哈耶克，2013：第 28 页。
[2] Mayhew (ed.), 1996: 145.
[3] Mayhew (ed.), 1996: 145.
[4] Mayhew (ed.), 1996: 145.
[5] 哈耶克，2013：第 62 页。
[6] Mayhew (ed.), 1996: 149.
[7] 哈耶克，2013：第 67 页。
[8] Mayhew (ed.), 1996: 151.
[9] 哈耶克，2013：第 138 页。
[10] 哈耶克，2013：第 139 页。

由'一样而且往往是更有理由被人看成是真正自由所不可或缺的一个条件。在一定意义上，这是既正确而又重要的。在那些没有信心靠自己的奋斗找到前途的人们当中，很难找到独立的精神或坚强的个性"。[1] 兰德则对经济保障一概拒绝。她边注道："见鬼，他在说什么？如果一个人不能依靠自己的努力维持生计，谁必须给他'安全'，而且为什么必须给？"[2]

在《兰德边注》一书中，兰德显露出非常直露的批评和论争风格。对黑兹利特《伟大理想》一书的评点则比较柔和，[3] 没有骂他为"蠢货"。只是开骂了"胡说"，或者直言"不对"。[4]《兰德边注》收入了对米塞斯《人的行为》和《官僚主义》两书的评点。[5] 兰德对米塞斯是非常给面子的。其边注不乏赞同。在《人的行为》中基本没有开骂，只是指出一些地方"不对"、"含混"、"自相矛盾"等。对两处观点，兰德貌似以"上帝啊，该死的是如此啊"开骂，其实更像是赞同。[6] 兰德对《官僚主义》的点评不多，但是对之开骂，比如"该死的蠢货"。[7]

《兰德边注》一共收入了28本书的边注，全书一共230页。不过，罗斯巴德曾经与兰德非常交好，《边注》一书中居然没有收入罗斯巴德的任何著作。

从兰德阅读米塞斯《人的行为》这种厚书以及哈耶克《通往奴役之路》这种对她而言掺和了补药与毒药成分的小册子来看，兰德在书海漫游的范围确实很广阔。兰德爱憎分明，眼里容不下半粒沙子，她

---

[1]　哈耶克，2013：第138页。

[2]　Mayhew (ed.), 1996: 154.

[3]　参阅 Hazlitt, Henry, *The Great Idea*, New York: Appleton-Century-Crofts, Inc., 1954。

[4]　Mayhew (ed.), 1996: 第161页及其后。

[5]　Mises, Ludwig von, *Human Action*, New Haven, Conn.: Yale University Press, 1949; Mises, Ludwig von, *Bureaucracy*, New Heaven: Yale University Press, 1944.

[6]　Mayhew (ed.), 1996: 第105页及其后。

[7]　Mayhew (ed.), 1996: 第142页及其后。

读哈耶克的书，对他开骂，也算是看得起他。至于哈耶克，他一般并不大去引述同人的著述。据说他的经济学同道、1986 年诺贝尔经济学奖得主詹姆斯·布坎南对哈耶克很少引用自己的著作就有所抱怨。时间会说话的，但人却不是永远能够发话。《兰德边注》成书于 1996 年，哈耶克去世于 1992 年，无缘拜读此书，自然也谈不上评论此书对自己的点头论足。

行文至此，我又想到了中国。我们需要以开放的态度吸纳全世界的思想营养，而不需要拘泥于区分中学和西学，不需要对之排列出个你高我低，不需要强调中学为体、西学为用。我们也不要停留于褒贬不同的思想家，而是需要学会站在所有这些巨人的肩膀上。

北京颐源居，2016 年 1 月 20 日

理性、企业家精神与自由市场：
安·兰德与奥地利学派的比较

摘要：文章阐述了奥派的主观主义价值论与兰德的客观主义伦理学与认识论之间的关系，指出两者不矛盾。兰德把人的"主观价值"视为客观事实，然后在此基础上构建认识论、伦理学，而奥派（特别是米塞斯）在"人都是有目的的"这一公理上演绎出"行动学"。兰德反对的不是奥派的"主观价值"，而是个体不用自己的"理性"；同样，她反对的是"非理性"，而非通常说的"利他"。奥派的"理性"是"关于真实人的假设"，而兰德的"理性"是"理想建构"，她的"理性人"是她"客观价值"的化身和代言人。兰德的"理性"没有"锚"，理性本身就是理性的判断标准，在这个意义上，哈耶克可能会说兰德过于相信个体的理性，也许会把兰德归为"伪个人主义"。在兰德的理论体系中，企业家精神与理性几乎就是同一个概念，不发挥企业家才能是非理性的，企业家精神无涉"机会"，是个体认识客观价值的结果。强权之所以能够维持，是因为多数个体放弃思考客观价值，放弃

---

* 朱海就，浙江工商大学经济学院教授。

通过发挥企业家才能来发现和实现自己生命的意义。

关键词：主观主义；客观主义；理性；企业家精神；自由市场；安·兰德；奥地利学派

安·兰德与奥地利学派经济学（以下简称"奥派"）都以倡导自由市场而著称，那么两者的自由市场思想和理论有什么区别呢？这是人们关注的问题，也是本文打算探讨的问题。企业家精神是自由市场的基石，兰德与奥派都非常重视企业家精神的重要意义，要比较两者的自由市场观，可以从企业家精神切入。然而，还有一个比企业家精神更为基础的概念，那就是"理性"。两者的企业家思想都是建立在理性概念之上的，甚至可以说是从理性概念中派生出来的，所以，了解两者的"理性"概念，是认识两者的企业家理论的重要前提。但在这之前，还需要了解两者在认识论、方法论上的区别。

一、客观主义与主观主义

兰德以倡导"客观主义"著称，而奥派却是主张"主观主义"，两者是矛盾的吗？确实有些人认为两者是矛盾的，但我们不这么认为。兰德的客观主义是指客观主义伦理学与客观主义价值论，而奥派的主观主义是指"价值的决定"，两者在不同层面上，因此也就不存在冲突或不冲突的问题，相反具有一定的互补性。

兰德的客观主义伦理学认为生命的价值是客观的，人，作为有机体，首要目的是维持生命，这一价值显然是兰德认定的，是兰德赋予个体的，而奥派的"主观价值"用门格尔的话说是指"一种财货或一种财货的一定量，在我们意识到我们对于它的支配关系到我们欲望的满足时，为我们所获得的意义"。[1] 奥派也假设个体都是追求欲望的更好满足的，用兰德的话说，个体不只要维持自己的生命，而且还要改善自己的生命。所以与兰德一样，奥派也隐含地"假设"人的这一"追求更好的满足"的倾向是客观的事实，因此，也可以说奥派的主观主义价值论是建立在兰德的客观主义伦理学之上的。

经济学上价值是主观的，个体都可以有自己的目标，兰德不会否认这一点，但进一步地看，会发现兰德的客观主义伦理学对个体的主观价值是有要求的，即要求个体能够认识到什么才是有助于自己生命的维持、幸福的增进（客观价值），[2] 但奥派（特别是米塞斯）对个体并没有提出这样的要求，如米塞斯所说：人总是为实现他的愿望而利用他的理智。[3] 从兰德的客观主义伦理学来看，一个人的"主观价值"既有可能是理性的，也有可能是非理性的（如利他），但奥派主观价值论中是没有"非理性的"，因为正常人都是有目的的。

奥派的主观价值是"个人的"，而兰德的客观主义伦理学给出的客观价值是"外在的"，类似自然科学的科学发现。她的客观价值论和客观主义认识论是一脉相承的，前者可以视为后者的一个推演，个体的客观价值（自己生命的维持和幸福的增进）类似于她笔下的"存在物"一样"客观"。从兰德的客观主义伦理学出发，个体要运用他自己的理性去"认识"客观价值，改善她所说的客观价值，如个体不这么去做，兰德认为是不理性的，也是不道德的。因此，兰德反对的不是奥派的"主观价值"，而是个体不用自己的"理性"。

她的客观主义认识论认为"意识也是存在物"，这点上和笛卡尔、康德都是截然不同的，比如笛卡尔把意识视为第一性，不依赖于意识

---

[1] 门格尔著，刘絜敖译：《国民经济学原理》，上海：世纪出版集团 上海人民出版社，2001年，第72页。

[2] 这也是自由市场对个体价值的要求。

[3] 米塞斯著，夏道平译：《人的行为》，上海：上海社会科学院出版社，2015年，第66页。

到某物，而兰德认为意识是通过意识到某物才存在的，"如果没有意识到什么东西就不可能有意识这个东西"，[1] 不能脱离存在物来谈意识，感知到"意识"依赖于意识到某物，她认为"存在存在着"是公理，是不能否定的，而那些置意识为先的学说否定了这一学说。[2] 所谓"存在存在着"，是指人的心理状态、心理过程、以及观念或情感之类的现象，与物理实在一样，都是存在的，虽然不在一个范畴。

奥派不会否定心理状态、心理过程等是客观的存在，但奥派强调的是个体的主观活动（产生主观价值），同样兰德也不会否定人的主观活动，区别在于兰德是"外在地"，也就是"客观地"构建人的行动逻辑，把人的"主观价值"视为客观事实，然后在此基础上构建认识论、伦理学，而奥派（特别是米塞斯）在"人都是有目的的"这一"主观的"行动学公理上演绎出"行动学"。可以说，兰德是从主观价值本身的客观性出发来进行逻辑推演，而奥派是从主观价值本身出发来进行推演。两者在一定程度上得出了类似的结论，如兰德与罗斯巴德都把"交易"视为"正义的原则"，[3] 兰德还认为"交易"是人从社会存在中可以获得的两种主要价值之一（另一种是"知识"）。[4]

除了对"个人"的价值取向给出客观标准外，兰德认为一个"社会"是否有价值也是有客观标准的，她说"理性的、有生气的、自由的社会"是有价值的。[5] 相反，奥派认为价值都是"个体的"，不是社会的。也许可以这样概括，兰德笔下的"价值"是"她的评价"，而奥

[1] 安·兰德著，江怡等译：《客观主义认识论导论》，北京：华夏出版社，2007 年，第 173 页。

[2] 安·兰德著，江怡等译：《客观主义认识论导论》，北京：华夏出版社，2007 年，第 173 页。

[3] 爱因·兰德著，秦裕等译：《新个体主义伦理观——爱因·兰德文选》，上海：上海三联书店，1993 年，第 30 页。

[4] 爱因·兰德著，秦裕等译：《新个体主义伦理观——爱因·兰德文选》，上海：上海三联书店，1993 年，第 31 页。

[5] 爱因·兰德著，秦裕等译：《新个体主义伦理观——爱因·兰德文选》，上海：上海三联书店，1993 年，第 32 页。

派的价值是"当事人自己的评价"。

兰德的客观主义伦理学其实非常强调个体应该有自己的（主观）价值，个体自己的（主观）价值不必屈从于他人，个体要忠于自己的信念和价值，根据自己的价值行动，这也就是说，个体的主观价值对个体自己来说具有客观意义。可见，她的客观主义伦理学是支持个体的主观价值的，个体如果不能有自己的主观价值，那么就不能实现兰德强调的客观价值，换句话说，没有奥派的主观价值，就没有兰德的客观价值。客观价值的实现，必须在主观价值上得到落实，或者说，客观主义是伦理法则，而主观主义是行动法则，是社会的、人际的。

二、关于"理性"的比较

奥派的"理性"是一种"现实的"假设，在米塞斯看来，"理性"也是人的心智特征，包括两个方面，一是人的行动是有逻辑的，人根据自己的逻辑行动；二是人具有理解他人行动的意义的能力，虽然理解不一定准确。这两个方面都是正常人所具备的，因此人都是理性的。兰德对这种能力也是不否认的，她的"客观主义认识论"表明人有认识事物的能力。

兰德认为人只有他自己知道什么对他（的生命价值和幸福，即客观价值）的实现是重要的，不同的重要性是"排序的"，即从最重要的到次要的，然后再到更不重要的等等。这一价值排序是理性人自己认定的，理性的人总是首先满足他认为最主要的价值，"拒绝牺牲更高的价值而屈从于低的价值和无价值"。[1] 兰德的这一"价值由理性人自己

---

[1] 爱因·兰德著，秦裕等译：《新个体主义伦理观——爱因·兰德文选》，上海：上海三联书店，1993年，第174页。

认定的思想"与奥派（特别是米塞斯）经济学的"主观价值"（边际思想）是一致的，也即兰德的"客观主义"绝不构成对奥派的"主观主义"的否定。

从把"理性"作为认识事物的"能力"的意义上看，兰德与奥派也是共通的，奥派的"理性"是兰德的"理性"的基础，比如兰德也认为理性人的利益是不会相互矛盾的，这也是奥派的理性所含的"有逻辑"之意，如目标相互矛盾，则无逻辑。但是，我们还是可以发现明显的不同，奥派并不要求理性人能够"正确地"认识事物，理性只是一种意识的"能力"，从这点看奥派的理性是"康德的"，理性作为"能力"是客观事实，但兰德赋予"理性"本身以客观性，她对"理性"提出更高的要求，认为与客观实在联系在一起的意识才是理性的，正是这种"实在"的存在才使得"理性"成为可能，或者说"理性"是因为有客观实在的存在，而不是意识本身。

兰德的"理性"不仅是认识论上的（对人的理性能力的认识），也是伦理学上的，她"所要求"的理性是她"所认为"的理性，在《人类利益的冲突》一文中，她从"真实情况"、"关系"、"责任"和"努力"四个方面概括了理性人"应该"具有的特征，比如她认为理性人不会追求自相矛盾的目标，[1] 理性人应该不受奇想的控制，不受他人喜好的摆布，仅仅依靠自己的努力。[2] 理性人"不允许使长期的利益和短期的利益处于冲突或矛盾之中。他不会成为自我毁灭者，即今天所追求的目标会在明天损害其全部的价值"，[3] "理性的人不会把那些通过自己直接或间接努力仍无法实现的目标或欲望看成是自己真正的目

[1] 爱因·兰德著，秦裕等译：《新个体主义伦理观——爱因·兰德文选》，上海：上海三联书店，1993年，第50页。

[2] 爱因·兰德著，秦裕等译：《新个体主义伦理观——爱因·兰德文选》，上海：上海三联书店，1993年，第52页。

[3] 爱因·兰德著，秦裕等译：《新个体主义伦理观——爱因·兰德文选》，上海：上海三联书店，1993年，第51页。

标。"[1] "理性人从来不扭曲或损害自己的标准和判断，不求助于他人非理性的、愚蠢的或不诚的帮助。"[2] 在她笔下，"理性"与"理智"很大程度上是同义词，如她说"利己的人是通过理智的引导来选择目标的"，[3] 他的目标和手段都需要经过"理智"的确认。奥派（米塞斯）虽然也接受"理智"，但只是在前述心智结构上接受理性人是理智的，不像兰德那样赋予"理智"以"客观价值"的内涵。

兰德以反对"利他"而著称，但实际上她反对的是"非理性"，而非通常说的"利他"。理性是运用理智，思考什么是自己的利益，然后去实现。"利己"是"理性"的必然推论，理性的人为实现客观价值（生命的维持、幸福等），必须思考什么才是自己的利益，然后去实现它，这用兰德的话说当然就是"自利"。如一个人认为帮助他人是他的自我利益，那么这个人也是在"利己"，那也就不成为兰德批评的对象。这样，通常说的"利他"，可以是"理性的"，也可以是"非理性的"，兰德批评的是非理性的"利他"。可见，兰德的"理性"不只是对人特征的描述，也不仅是人的伦理要求，而且还指"运用理智的行动"，从而具有米塞斯"行动学"的特征。兰德的"理性"也是一个"过程"概念，确切地说是"心智过程"，它与奥派研究的"市场过程"形成对应关系，确实，这"两种过程"是相辅相成的，对正常社会来说都是必要的。

如前所述，米塞斯的"理性"是指心智结构，兰德的客观主义认识论也认为人有那样的心智结构，两者的不同点在于兰德把理性视为个体认识世界的手段，而米塞斯则更强调理性是人本身的特征。作为

---

[1] 爱因·兰德著，秦裕等译：《新个体主义伦理观——爱因·兰德文选》，上海：上海三联书店，1993年，第52页。

[2] 爱因·兰德著，秦裕等译：《新个体主义伦理观——爱因·兰德文选》，上海：上海三联书店，1993年，第53页。

[3] 爱因·兰德著，秦裕等译：《新个体主义伦理观——爱因·兰德文选》，上海：上海三联书店，1993年，第175页。

认识手段的理性，其内涵会更窄一点，比如兰德把欲望，包括感觉、情感、奇想和愿望，甚至还有信仰都排除在"理性"之外，认为欲望无助于认识客观实在。但在米塞斯更广义的"理性"概念中，理性更多地指手段的选择，而较少涉及目标的来源。米塞斯不像兰德那样把理性与欲望、情感对立起来，"即令在感情激动时，手段和目的也会被考虑到"。[1] 在米塞斯看来理性的人也可以是有七情六欲的人，有情有欲并不意味着不理性，人的理性可以控制情感，情感并不构成对理性的破坏。他说："人之异于禽兽者，正在于他会着意于调整他的行动。人这个东西，有自制力，能够操纵他的冲动和情欲，有能力抑制本能的情欲和本能的冲动。"[2] 概而言之，对于"理性"，虽然两者都强调"心智"，但奥派的理性是"关于真实人的假设"，而兰德的理性是"理想建构"，"理性人"就是她"客观价值"的化身和代言人，是我们在现实中很难找到的"巨人"。[3]

兰德需要面对的一个问题是，个体靠什么来保证理性？兰德似乎没有想过这个问题，她假想"理性人"知道自己的利益，那么现实中的人呢？兰德深知现实中的人是理性不足的，她呼唤、求助于"人的内省"，准确地说，是对"客观实在的认识"，她说："如果人内省地辨识内心状态的正确率达到他们辨识客观实在的十分之一，我们就是理想的巨人一族了。"[4] 在兰德看来，理性的实现依靠理性人的"思考"（理性的运用）和对自己认定的价值的"忠诚"，[5] 换句话说，理性是个体"内求"的结果。相比兰德的"内省"，哈耶克的"理性"更多地是一个"学习"概念，他强调理性是习得的，是通过遵从外部的制度

[1] 米塞斯著，夏道平译：《人的行为》，上海：上海社会科学院出版社，2015 年，第 18 页。
[2] 米塞斯著，夏道平译：《人的行为》，上海：上海社会科学院出版社，2015 年，第 19 页。
[3] 她在小说中塑造了多个理性的"理想人物"，如高尔特。
[4] 安·兰德著，江怡等译：《客观主义认识论导论》，北京：华夏出版社，2007 年，第 157 页。
[5] 安·兰德著，江怡等译：《客观主义认识论导论》，北京：华夏出版社，22007 年，第 178 页。

实现的，习得制度是对个体理性不足的弥补。哈耶克的"学习"包括"无意识的模仿"，然而在兰德看来，"模仿"则是非理性的体现，人应该应用其理智去考察规则，这点上兰德比哈耶克更胜一筹。

但是，如果一个人在追求自己认定的客观价值和遵循外部的规则上发生冲突怎么办？这时究竟服从谁？兰德没有直接回答这一问题，在兰德看来，前者优先于后者，至少个体不应该为了遵从外部规则而牺牲自己的理性，未经自己理智审视，"盲目地"服从外部的规则是非理性的，也是不道德的。外部的规则经过个体理性的评判之后，个体根据其是否有助于"客观价值"，选择接受或不接受。

或许可以说兰德的理性是没有"锚"的，或者说理性本身就是理性的判断标准，"当一个人拒绝把理性作为判断的标准，那么，对他来说只有另一条标准：他的感觉。"[1] 比如对于前面提到的"价值等级"，兰德说"理性的行为准则要求人们按照自己的价值等级体系来行动，别为了较小价值而牺牲较大的价值"，[2] 这似乎隐含了理性个体所确定的价值等级"总是正确的"，个体自己认定的价值对他而言就如同"最高法律"一般。

这自然会引出另外的问题，即难道个体理性不需要纠正吗？个体理性所导致的社会结果都是好的吗？或者说，怎么保证一个理性人的理性行动不是破坏性的？如何防止"理性的"罪犯？如果一个生活在集体专制下的人，认为服从专制比抵抗专制更有助于自己生命的维持和幸福（客观价值），那么这究竟是理性还是非理性，究竟是善还是恶？兰德没有直面这一问题。相比之下，斯密、哈耶克和罗斯巴德都给"理性"设定了一个锚，斯密的"锚"是道德情操，哈耶克的"锚"是演化形成的规则，而罗斯巴德的"锚"是自然法则。这些规则将个

---

[1] 爱因·兰德著，秦裕等译：《新个体主义伦理观——爱因·兰德文选》，上海：上海三联书店，1993年，第152页。

[2] 安·兰德著，焦晓菊译：《自私的德性》，北京：华夏出版社，2007年，第37页。

体的理性行动与他人的行动协调起来，同时，这些规则也是具有伦理价值的，即遵从规则才是善的，如罗斯巴德就非常明确地认为遵从自然法则才是正义的。相比而言，兰德的"善"就是"理性"本身。兰德较少考虑规则问题，对此，也许可以这么解释，即兰德的"理性"概念是"规范性"的，理性是对"客观实在"的认识，自然包含了对规则正当性的认识，[1]这种认识也是个体理性与否的体现。

三、关于"企业家精神"的比较

在兰德的理论体系中，企业家精神与理性几乎就是同一个概念，一个理性的人就是充分地发挥自身企业家才能的人，发挥企业家精神是对自己理性能力的充分运用，也是自我价值的实现。在兰德看来，"发挥企业家才能"是理性人的生活方式。她把"创造性工作"视为人们感受生命快乐的最基本领域之一，生命的享受是通过创造实现的，"对生命的享受是通过不断地扩大知识和能力来达到的——它包括思考、成功、前进，遇到新的挑战并克服它们——不断地为自己能力的扩大感到骄傲"。[2]又如她对美国的欣赏是因为美国是"创造之国"，"美国人第一个理解到财富似乎要创造出来的，在此之前，人们一直把财富想成了一种静止不变的数量——从而去占有，去乞讨，去继承，去分享，去掠夺，或者当成特权一样得到"。[3]兰德视企业家精神为理性人的特征，理性人明白只有通过发挥企业家才能才可以实现自己的

---

[1] 如兰德说：理性人知道"他人的生命和成就不是他的财产"，《自私的德性》，第 47 页，这句话包含了"理性人自动认识产权规则"之意。

[2] 爱因·兰德著，秦裕等译：《新个体主义伦理观——爱因·兰德文选》，上海：上海三联书店，1993 年，第 165 页。

[3] 安·兰德著，杨格译：《阿特拉斯耸耸肩》，重庆：重庆出版集团，2007 年，第 382 页。

生命价值，"因为他明白：大自然不会自动满足人的欲望，人的目标或价值必须通过他自己的努力才能实现"。[1] 为什么要创造？生命有价值（客观的），但价值几何？完全在于你的创造（打造）。理性的人是认识生命价值的人，也是努力使生命更有价值的人，生命是一件产品，理性人要打造它，把它变得更漂亮。

如果说企业家精神是追求自我利益的实现，那么盲目的服从就是缺乏企业家精神的体现。如同兰德说不是所有的人都是理性的，同样的，也不是所有的人都是具有企业家精神的，兰德比较了四种人，其中只有一种人，即上面提到的把创造视为快乐的人是有企业家精神的，但兰德没有说在现实中，哪种人占的比重更高。

发挥企业家才能是她的客观主义伦理学与客观主义价值论的必然要求。兰德的企业家精神包括两个方面，努力认识什么是他的生命价值以及去实践。缺少这两个中的任何一个都是"非理性的"，等于放弃生命价值。对于这两个方面，兰德与奥派各有侧重，兰德强调的是"认识"，而奥派强调的是"行动"。在兰德看来，虽然人有理性能力，这是客观实在，但这种理性能力是需要加以运用的，如不加以运用，则是非理性的，也是缺少企业家精神的体现。由于个体运用（与客观价值相关的）理性是一个"主动的"过程，从这个意义上说，企业家才能不是与生俱来的，而是取决于后天能否认识到客观价值。

奥派不像兰德那样探究企业家精神的来源，而是把企业家精神视为判断、发现、警觉和创造的"行动"，它是行动人的一种"属性"，和"行动人"本身一样，都是"假设"，这就如同新古典经济学的"理性人"假设一样。在这里我们有一个有趣的发现，倡导"客观主义"的兰德强调企业家精神是"个体的心智活动"（主观的），而提倡"主观主义"的奥派把企业家精神看作人的"属性"（客观的），对

---

[1] 安·兰德著，焦晓菊译：《自私的德性》，北京：华夏出版社，2007年，第47页。

此，或许也可以说，奥派是在"实体论"上论述企业家精神，而兰德是在"本体论"上论述企业家精神，其"主观"与"客观"是在不同层面上的。

奥派认为企业家精神与"机会"相关，对此，可以从兰德的角度问一个问题，"机会"是不是一个"实在"？这个问题的答案取决于如何理解企业家精神，如像米塞斯那样，认为企业家精神是"判断机会"，或像柯兹纳那样认为企业家精神是"警觉机会"，那么这个语境中的"机会"是兰德的"实在"，因为机会是已经存在的，只是还没有被发现，或没有被准确地判断。但如果企业家精神是拉赫曼所言的"想象机会"或熊彼特的"创新"，那么这时的"机会"不是已经存在的，而是企业家想象出来的或新创造出来的，这时的机会就不是一个"实在"概念。相较而言，兰德的企业家精神无涉"机会"，她强调的是个体对"客观价值"的认识，企业家精神是这种"认识"的结果。

四、关于"自由市场"的比较

兰德认为自由市场是建立在理性人的理性行动（企业家才能的发挥）之上的，如说哈耶克把自由市场落脚到"规则"之上，那么兰德的自由市场是落脚到"理性"上的。在她看来，自由市场是由理性人，也就是认识生命的价值，并努力去实现自身生命价值的人构成的。兰德也许并不否定自由市场的"自发性"，无非她的"自发"更多指个体的自我认识，而哈耶克的"自发"强调的则是对"规则"的无意识的遵循，以及作为其结果的自发秩序。这种区别源于兰德和哈耶克对自由市场中的个体有不同的要求，即兰德要求个体认识和遵循客观价值，如不能做寄生虫，而哈耶克要求个体认识和遵循规则。比较之下，兰德对个体的认识能力比较有信心，哈耶克则相反，对个体的自我认识能力较缺少信心。

在兰德看来，自由市场是"创造"出来的，不是"自动"生成的。自由社会是个体在创造自身生命价值的过程中形成的，是这一过程的无意识的结果。"创造"是自由社会的基础，是因为这一基本事实，"人们必须努力通过自己的努力而生活；他所需要的价值（财富和知识等）是不会自然地给予的，它不是一种自然的馈赠，必须通过自己的思考和工作来发现、达到的"，[1] 就是说，如个体不创造，天上不会掉馅饼，不要说自由社会，即便在一个正常的社会中都不可能存在。从"创造"角度看，相比奥派，兰德认为自由社会的实现需要满足更高的要求，奥派（特别是德索托）只给出一个底线，即不对个体的创造施加制度性强制，这可以视为一个"消极"要求，而兰德给出的是一个"积极"要求：个体要运用理性，发挥自身的企业家才能，进行创造。

自由社会是保障个体权利的社会，那么什么是个体的权利？兰德认为"只存在着一种基本权利：人类对自己生命的权利"，[2] 所有其他的权利都是它的结果和推论。权利不是来自社会，而是"来源于人类的本性"，[3]"人类权利的源泉并非神的法律或议会的法律，而是自我的法律"。[4] 上述"基本权利"也是"客观价值"，如个体不能维持自己的生命，则不能实现客观价值。兰德所说的权利是"消极"意义上的权利，"权利仅仅包括通过自己的努力，自由地去获得实现的条件"，[5] 而

[1] 爱因·兰德著，秦裕等译：《新个体主义伦理观——爱因·兰德文选》，上海：上海三联书店，1993年，第46页。

[2] 爱因·兰德著，秦裕等译：《新个体主义伦理观——爱因·兰德文选》，上海：上海三联书店，1993年，第87页。

[3] 爱因·兰德著，秦裕等译：《新个体主义伦理观——爱因·兰德文选》，上海：上海三联书店，1993年，第89页。

[4] 爱因·兰德著，秦裕等译：《新个体主义伦理观——爱因·兰德文选》，上海：上海三联书店，1993年，第89页。

[5] 爱因·兰德著，秦裕等译：《新个体主义伦理观——爱因·兰德文选》，上海：上海三联书店，1993年，第92页。

不包括工作、食品、受教育、医疗和娱乐的权利等等的权利，因为这些权利意味着对他人权利的剥夺，"生产这些产品的人被剥夺了享受这些产品的权利，他们的劳动也就成了奴隶的劳动。"[1] 根据兰德的这种权利观，牺牲自己和牺牲他人都是不正义的，牺牲自己意味着放弃自己的理性、客观价值，牺牲他人意味着侵犯他人的基本权利，因此，既不侵犯他人也不侵犯自己的"交易"原则是唯一的理性主义伦理原则，也才是正义的原则。[2]

讨论"权利"问题时必然涉及另外一个重要问题，即权利的"边界"。在兰德的体系中，权利的边界是理性个体自己设定的，理性个体知道如何实现生命价值同时又不伤害他人，这在奥派，特别是哈耶克看来，多少包含"理性的狂妄"，奥派更多地求助于"规则"来限定个体的权利。

一个社会在多大程度上是自由市场，很大程度上要看大众推崇什么行为，托克维尔把大众的推崇称为"流行的风气"，大众普遍地根据这种流行的风气来对个体行为的正当性进行评判。如一个社会流行做官，那么当官就被视为"正当的"，而不当官就被视为"不正当"。那么，对自由市场来说，需要什么样的"风气"呢？兰德认为是一种崇尚个人创造的风气，她说："在自由市场中，重要的不是一个人的祖先、亲戚或基因、身体的化学性质，重要的只是这个人的品质：创造力。资本主义根据他的个人能力和雄心壮志来判断他的价值并相应地给予报酬。"[3] 因此，自由市场必须革新官本位文化，消除以身份、地位来评判一个人的风气，而是要崇尚理性与个体创造，让公众意识到自尊

[1] 爱因·兰德著，秦裕等译：《新个体主义伦理观——爱因·兰德文选》，上海：上海三联书店，1993年，第92页。

[2] 爱因·兰德著，秦裕等译：《新个体主义伦理观——爱因·兰德文选》，上海：上海三联书店，1993年，第30页。

[3] 安·兰德著，焦晓菊译：《自私的德性》，北京：华夏出版社，2007年，第131页。

和荣耀源于创造，而非身份、地位。

如前所述，与哈耶克相比，兰德强调的不是遵循既有的规则，而是个体的"理性"，个体应该通过理性思考，发挥自身的企业家才能，实现生命价值。兰德的这一思想对自由市场是非常重要的，任何一个强权政府都害怕大众具有这种理性，在他们看来，大众最好不假思索地服从他们的统治，这是因为"自由"与"个体的创造"是同义的，相反，惟命是从，放弃自己创造性的个体会很自然地沦为集权专制的帮凶。[1] 虽然很多人会把明哲保身、服从统治看作是"理性的"，但这种"理性"是放弃生命价值，是阿伦特所说的"平庸之恶"，与兰德说的"理性"是恰恰相反的。实际上，强权之所以能够维持，是因为多数个体放弃思考客观价值，放弃通过发挥企业家才能来发现和实现自己生命的意义。

这里我们也发现新古典经济学的"最大化理性"和兰德所说的"理性"之间的区别，"最大化理性"强调的是约束条件下的最大化，而兰德所说的"理性"是思考生命价值并去实现它。"最大化理性"会使既有的强权制度得到强化，因为这种理性会把强权视为自己的约束条件，追求这种条件下的最大化。相反，兰德推崇的"理性人"不会因为强权的存在就放弃客观价值，不甘心在强权下苟且活着，这种理性也因此会成为强权的敌人。

最后来看一下"自由"与"传统"的关系。站在兰德的立场，传统本身也不具有"客观价值"，传统不会因为它的一直存在就天然地拥有价值，相反，只有当个体理性地考察并将其用来实现自己的客观价值时，这一传统才在"他的眼中"具有了价值，所以遵循传统本身远不等于自由社会的实现。这里或许要对"传统"加以区分，比如分为"目标"相关的传统规则（如官本位的文化）和"手段"相关的传统规

---

[1] 阿伦特笔下的纳粹分子阿道夫·艾克曼就是一例。

则，如习俗、道德和法律。兰德可能会反对前面这种性质的传统规则，因为这种传统规则对个体施加了一种"目标"，限制甚至代替了个体的理性思考，在兰德看来，目标只能是个体根据客观价值做出，而对后面这种性质的传统规则，作为手段，是价值无涉的，兰德对它会持中立态度。当然，哈耶克可能会说兰德过于相信个体的理性，也许会把兰德归为"伪个人主义"，哈耶克的批评也不是毫无道理。但如果我们动态地看待传统，认识到传统要在个体实现自身价值的过程中得到调整和更新，那么或许会在兰德与哈耶克之间寻得平衡之道。